BUENOS
Y PRUDENTES DÍAS

REFLEXIONES

BUENOS Y PRUDENTES DÍAS

REFLEXIONES

Juan José Almagro

DIDACBOOK
Editorial

BUENOS Y PRUDENTES DÍAS - REFLEXIONES

© JUAN JOSÉ ALMAGRO

© Editorial Didacbook, S.L.

C/ Sagasta, 6
23400 ÚBEDA (Jaén)
www.didacbook.com

Editor:
Antonio Almagro
Mª Teresa Gómez

Portada:
Emilio Gil

Diseño y maquetación
Olalla Pons - www.oindiedesign.com

Primera Edición
Agosto de 2024

Director colección "Empresa y educación"
Miguel Ángel Barbero Barrios.

Depósito Legal: J 327-2024

ISBN: 978-84-17855-34-5

Impreso en España - Printed in Spain

A mis amigas de siempre, las "Chicas de Oro":
Luisa, Manoli, Mayte (+), Mari Carmen, Tiscar y Veva.
Con todo mi cariño

CONTENIDOS

PRÓLOGO

La palabra primor

Al autor de las reflexiones reunidas en este libro le gusta emplear la palabra primor que, dicho sea de paso, es un primor de palabra. Tengo el sentimiento de que hoy en día, aunque no es un término en desuso, sí es un sustantivo poco empleado. Con frecuencia se despide en sus llamadas telefónicas de las personas queridas empleando ese calificativo: "Adios primor", dice Juanjo. Juan José Almagro.

Sir Paul Smith, el creador de moda británico, opina que podemos encontrar inspiración en todo y que si no la encontramos es porque no estamos mirando adecuadamente. Este es un libro en el que su autor ha encontrado inspiración en casi todo. Basta con recorrer los títulos de sus capítulos para hacerse idea de ello. Temas variados, dispares, encontrados en los acontecimientos del día a día y en lo que está pasando alrededor de todos. Un libro que habla de muchos asuntos pero que de lo que realmente habla es de ética. Juan José Almagro puede estar escribiendo sobre el Génesis, el cinismo, la burocracia, Platón o la inteligencia artificial y referirlo todo al comportamiento humano y a los ideales que deberíamos perseguir como raza. En el libro pueden aparecer referencias a Nuccio Ordine, Jorge Luis Borges, Antonio Machado o el artesano ubetense Paco "Tito", pero el trasfondo siempre es el comportamiento ético que como seres humanos libres y dotados de dignidad debemos tener como referencia.

Y, ¿por qué Juanjo Almagro es capaz de volver insistentemente por los derroteros de la ética no como teoría sino como praxis? Mi admiración hacia su persona hace que tenga clara la respuesta. En la personalidad del autor de estas reflexiones, que él ha titulado de forma tan atractiva "Buenos y prudentes días", se dan una serie de virtudes que le acompañan, que valoro y que le "obligan" a plantearse estos temas desde esa exigencia. Almagro se caracteriza por su despierta inteligencia, generosidad, equilibrio, sensatez, afabilidad, bonhomía y sentido del humor. Imagino que entre otras cosas.

He dedicado más de cuatro décadas de mi vida a una actividad profesional a veces poco comprendida: el diseño y la comunicación visual. Concibo la práctica del diseño como un compromiso a resolver "desde dentro" unas necesidades, cumplir con un programa y servir "de cara afuera", trasladando a la comunidad a la que va dirigido, una mejora que ayude en algún sentido: como información, como un avance en la vida de los ciudadanos, como transmisión de mensajes que alertan sobre temas comunes importantes... Y además aportando belleza al entorno.

Por eso comparto tantos aspectos con Juanjo, una personalidad completa en lo profesional como él explica en estas mismas páginas: "mi experiencia personal, que no es escasa, después de haber intervenido como profesor y conferenciante en decenas de másteres universitarios y haber compartido con miles de alumnos, en muchos países, mis conocimientos en las áreas de formación para las que he sido requerido, desde RRHH a Sostenibilidad, pasando por la Responsabilidad Social, los derechos humanos, el liderazgo, la ética, la educación y la vida". ¡Nene, no te digo ná!, cómo él mismo recoge en esta colección de reflexiones.

Entre los ejemplos de generosidad de Juan José Almagro, además de su afabilidad constante, que no es más que volcarse generosamente sobre el otro, está su iniciativa reciente de creación de CERU, el Centro de Estudios del Renacimiento en Úbeda, algo no distante de su forma de concebir el mundo: el hombre como medida de todas las cosas, siempre con una medida enraizada en los valores que deben caracterizar al ser humano.

En este libro, casi cada frase es una sentencia que anima a un comportamiento mejor y a una mejora de lo común.

Para terminar, recojo una frase sacada del libro "Qué es la calidad en el arte", del Conservador Jefe de Pintura Flamenca y Escuelas del Norte del Museo Nacional del Prado, Alejandro Vergara: "si la cualidad es un atributo de algo o alguien, la calidad es la medida en que ese atributo existe en esa persona o cosa". Parecería estar refiriéndose a Juan José Almagro y su excepcional calidad humana y profesional. No es que Juanjo sea una persona excepcional, que también, sino que es un lujo de persona y un primor de los grandes.

Emilio Gil
Diseñador Gráfico.
Medalla de Oro al Mérito en las Bellas Artes, 2015

INTRODUCCIÓN

Cuando llega el otoño, un año más, publicamos y presentamos libro. El otoño es la época bienaventurada de la recapitulación, escribió Stefan Zweig. Los frutos están cosechados, el trabajo está hecho: el cielo resplandece nítido y claro en el paisaje de la vida y en el horizonte. Así pues, como la edad provecta es como un otoño, recapitulemos; es decir, hagamos un resumen sumario, breve y ordenado de algunas de las cosas sobre las que hemos escrito o hablado más extensamente y, como siempre, pongámonos a la tarea desde la honestidad intelectual, la única forma en que cabe hacerlo. Con ese compromiso hemos enjaretado estas páginas.

Tenéis en vuestras manos, queridos lector o lectora, un ejemplar de *Buenos y prudentes días. Reflexiones*, el duodécimo libro que edito en solitario en los últimos veintipocos años, una tarea que inicie en los albores de este siglo. Si sumamos las obras que he coordinado, los capítulos que he firmado en otros libros corales y los textos que con mi nombre se incluyen en monografías y trabajos universitarios, estamos hablando de veinte obras. No es escasa la cosecha, y no hablo de calidad porque sois los lectores los que debéis juzgar el trabajo cuando sale de la imprenta. Me conformo con que los textos se entiendan y puedan leerse con facilidad porque el libro ya es vuestro.

La mayoría de los textos que se incluyen en este libro están escritos en un plazo de diez meses, desde septiembre de 2023 a julio de este año 2024, y se han publicado sobre todo en *ExtraJaén* el exitoso y cabal periódico digital de Multimedia Giennense que vio la luz a mediados del año 2022. Son artículos livianos que hablan de lo local, lo regional, lo nacional y lo universal, aunque todos tienen vocación cosmopolita, recordando aquello que Kant nos enseñó: «hay que pensarse a la vez como ciudadano de una nación y como miembro de la Sociedad de ciudadanos del mundo». En total, treinta y cinco artículos, incluyendo una adenda de la que me siento especialmente satisfecho: Se publicó anteriormente en separata, la edición está agotada y, a mi juicio, considerando el contexto y las tribulaciones por las que atravesamos en el presente, aunque está escrito en septiembre de 2018 (cuando fui investido doctor *honoris causa"* por la UPSA), su actualidad lo amerita. Todos los textos están datados para situar lo que cada uno dice en su contexto.

Trabajar con amigos (la amistad es el mayor bien después de la virtud, decía Cicerón) tiene la ventaja de que es muy fácil agradecer la participación de los que, de una u otra forma, han colaborado en esta obra y de los que soy deudor:

— Emilio Gil, un grande entre los grandes diseñadores de España y del mundo; académico y Medalla de Oro al Mérito en las Bellas Artes 2015; un hombre cabal, excelso, que ama su profesión y me ha obsequiado con un prólogo preciso y precioso y, para rematar, ha diseñado las cubiertas de esta obra. Sólo por su portada, este libro merece la pena. Tener una obra de Emilio es aprender lo que es el arte y la calidad. Gracias siempre, querido amigo.

— Antonio Almagro, mi hermano, es mi editor en la sombra (guarda y custodia cuanto escribo). Ahora sale a la luz y aparece en los créditos; siempre hace un excelente trabajo y, aunque servidor esté guiado por el deber de los afectos, le debo público reconocimiento.

— DidacBook, la editorial ubetense, y sus directores, Miguel Ángel Barbero y Maite Gómez, son extraordinarios. Solo tengo palabras de gratitud por su trabajo y excelente disposición.

Vivimos tiempos en los que la crisis de la Verdad hace que la fe en los propios hechos se tambalee. Las opiniones pueden ser dispares, pero serán legitimas si respetan la verdad factual. Por eso, en mis artículos procuro siempre que la verdad sea el soporte de mis sinceras reflexiones.

Gracias por leerme.

Julio de 2024

HABLEMOS DE LAS «CES»

Próximo el otoño, investidura/s pendiente/s y cercano el inicio de la temporada aceitunera (los cosecheros se siguen acordando del refrán: «hacendado en olivos, un año en terciopelos y cinco en cueros vivos»), es tiempo de que, a riesgo de que nos manden a freír espárragos, recordemos esta cosa de las «ces». En los últimos meses ha sido Carlos Alcaraz, nuestro tenista emergente, quien la ha puesto de moda cuando, además del talento que atesore cada uno, habla de jugar –y ganar– como siempre le dice su abuelo, con las tres «ces»: cabeza, corazón y cojones. Visto el resultado de su excelente trayectoria, no es mal consejo el de su abuelo…

Hace más de diez años le pregunté a un alto directivo empresarial, un hombre honesto que había alcanzado la cima con esfuerzo, estudio y trabajo (se inició a los quince años como botones en la empresa), que reglas guiaban su actuar en la vida y en el mundo de los negocios. Me dijo que seguía a las tres ces: compromiso, convencimiento y cumplimiento de las normas, una especie de triple salto mortal sin red que define a las personas que, como mi amigo el directivo, son coherentes y cabales. Tres conceptos para la reflexión, tres argumentos que resumen el arte de dirigir y tres ces que, al declinarse, encierran en su interior una indestructible fe en los valores y en el papel central que el hombre y la mujer, las personas, deben protagonizar en las organizaciones. Desde el compromiso, desde el proyecto común con otros, mi amigo supo siempre que en las organizaciones no hay buen gobierno sin transparencia y sin comportamiento ético, y que tampoco cabe un proceder recto si en primer lugar no se obedece a la ley, y si la ley a la que se obedece no está fundada en la razón.

De pronto, en esta mañana luminosa sin tormentas, me acuerdo de lo que decía, y dice, a propósito de las ces, Tom Peters, el reconocido y famoso escritor, gurú y consultor empresarial norteamericano, especialista en *management*. Peters sostiene que en las organizaciones debería imponerse el trabajo en equipo siguiendo la regla de las 5C, a saber: **Compromiso** de cada uno, para aportar lo mejor de sí mismo y realizar todas las tareas propuestas; **Confianza** de cada quien en el buen hacer de sus compañeros de equipo y en la consecución del objetivo propuesto; **Complementariedad**, de forma tal que cada miembro del equipo domine una habilidad y/o algún conocimiento; **Coordinación**, asumiendo que alguien (¿el líder quizás?) oficie de coordinador/a para sacar el proyecto adelante. Y, finalmente, **Comunicación**, involucrando a todos en el proyecto común y hablando con claridad.

Viviendo en este tiempo de mentiras, más de intemperie que de protección, estaría bien preguntarnos por qué este modelo de las 5C no se aplica en muchas organizaciones y jamás en la política. De los gobiernos ni hablamos. Con lo fácil que sería que los gobernantes se aplicaran a la tarea de las 5C (me conformo solo con 3C), sabiendo que los cargos nos obligan, por muy altos que sean, al trabajo, a la disciplina, al ejemplo, a la austeridad y al compromiso responsable. Los gobernantes se deben a la institución para la que trabajan; no son más que ella ni están por encima de ella, aunque en estos tiempos que corren algunos lo crean y, además, lo practiquen. En fin, nombres y adjetivos son solo accidentes del verbo, como decía Machado, y nuestros gobernantes no se percatan de que el futuro, como escribió sabiamente Borges, «no es lo que pasará; el futuro es aquello que haremos».

17 de septiembre 2023

GÉNESIS

«Fueron acabados los cielos y la tierra y todo su cortejo.
Y Yahvé Elohim terminó al séptimo día la creación que había
llevado a cabo, y al séptimo día descansó de toda su obra.
A continuación, Yahvé Elohim bendijo el séptimo día y lo san-
tificó, pues en Él descansó de toda la obra que había creado».
(*Génesis*, Blackie Books, 2022)

El *Génesis* es uno de los textos narrativos más antiguos del mundo
y, además, a mi juicio, el relato más extraordinario jamás conta-
do, donde –se advierte en la introducción a la magnífica edición de
Clásicos Liberados que ahora releo y recomiendo– se construyen
historias fantásticas y extravagantes, que no sólo han llegado a ser
universalmente conocidas, sino que, pese a poseer bien claramente
la principal característica de mitos y leyendas, que es la de ser in-
verosímiles, han sido tomadas como verdades incuestionables por
miles de millones de personas, incluidas algunas de las mentes más
brillantes y lúcidas que han existido nunca.

En este tiempo donde cada quién construye su relato, y además
se lo cree y trata de imponerlo, pienso en lo inverosímil: hoy he
tuiteado una viñeta de El Roto que recoge la imagen de un portavoz
político que anuncia desde la tribuna: «Queda proclamado el estado
de ansiedad permanente». Servidor, al comentar la viñeta, ha añadido que, si así están los políticos, ni que decir de como estamos los
ciudadanos en estos tiempos de incertidumbre donde la única certeza que tenemos es, precisamente, la propia certeza de la angustiosa

incertidumbre: no sabemos lo que va a pasar, ni como, ni cuando, ni donde, ni cómo nos afectará, ni si saldremos de esta; mientras, la desigualdad nos corroe y corrompe la democracia y la sociedad toda. Los ciudadanos esperamos que la economía nos proporcione, a nosotros y a nuestras familias, niveles razonables de prosperidad y oportunidades. Cuando no es así, los ciudadanos sentimos frustración y resentimiento. Eso es lo que ha ocurrido, eso es lo que ocurriendo y, por eso, mucha gente condena el capitalismo global porque, como ha escrito Martin Wolf, jefe de economía de *Finantial Times*, «en lugar de proporcionar prosperidad y progreso constante, ha generado un aumento de la desigualdad, empleos sin futuro e inestabilidad económica… Hoy en día la síntesis de democracia y capitalismo (capitalismo democrático) está en crisis y, en resumen, la democracia liberal y el capitalismo global que triunfaron hace tres décadas han perdido legitimidad». Naturalmente no me refiero sólo a la política, que también. Decía el escritor norteamericano Arthur Miller con acierto que una época termina cuando sus ilusiones básicas se han agotado, y eso me temo que ya ha sucedido y se está manifestando cada día, a cada instante.

Me he preguntado muchas veces, y lo he escrito otras tantas, que nos pueden ofrecer los políticos en esta nueva etapa, tras las elecciones municipales y autonómicas, y pendientes como estamos de investiduras varias y del cumplimiento de promesas sin fin. Creo que nos hemos perdido y, entre otras tragedias, nos estamos olvidando del ser humano. Giovanni Pico dell'a Mirandola (s. XV) nos cuenta que el sarraceno Abdalá, preguntado acerca de lo que en esta especie de escena del mundo se reputaba como más digno de admiración, respondió que nada podía considerarse más admirable que el hombre.

En su famoso *Discurso sobre la Dignidad del Hombre*, el propio dell'a Mirandola nos decía que «…podrás degenerar en los seres inferiores, que son los animales irracionales, o podrás regenerarte en los seres superiores, que son los divinos, según la voluntad de tu espíritu». Yahvé Elohim lo tenía claro, y así está escrito en el *Génesis*: creó al ser humano a su imagen, lo creó a imagen de Elohim; creó macho y hembra, pero tengo la impresión, según están las cosas, que hoy, en pleno siglo XXI, los humanos no sabemos por dónde tirar, a pesar de las ayudas «divinas». Hoy, miércoles 20 de septiembre, en la mini cumbre climática y ante la Asamblea, el Secretario General de Naciones Unidas, Antonio Guterres, ha sido rotundo: «La humanidad ha abierto las puertas del infierno».

20 de septiembre 2023

FERIAS Y FIESTAS

Septiembre, y también en octubre, siempre al albur de la visita de las necesarias aguas, son meses en los que se celebran muchas fiestas en los pueblos y ciudades de Jaén, y en toda España, pero en Andalucía las cosas son diferentes, no porque esta tierra lo sea, que también, sino porque –como explica Acquaroni– sentirse andaluz es una «cuestión endógena» que rebasa todo localismo y que impulsa al andaluz hacia la universalidad desde la lujuria permanente por su tierra. Esa excitación de los sentidos, que carga de barroquismo sensual la Semana Santa y de festividad pagana las romerías, convierte en apoteosis de luz y de sonido las ferias, una institución originariamente comercial y castellana a la que los andaluces aportaron jolgorio y la alegría y el calor que, a lo largo de los años, ha transformado en fiesta llena de luz, color, diversión y frenesí el inicial y frío negocio agrícola y ganadero.

Y esto viene de antiguo, claro. Porque el espíritu festero debió trasladarse a las Américas: Potosí (en la actual Bolivia y ya sin la plata que nos enviaron a raudales) que hacia la mitad del siglo XVII era una de las ciudades más habitadas y ricas del mundo, en 1608, dicen las crónicas, festejó las fiestas del Santísimo Sacramento con seis días de comedias y seis noches de máscaras, ocho días de toros y tres de saraos, dos de torneos y otras fiestas. Ya lo quisiera para sí cualquier concejal de festejos de ayuntamientos que se gastan lo que no tienen en armar extensos y carísimos programas de ferias, que no tienen hartura ni medida, y olvidan aquello que Séneca le escribió a Lucilio: «¿Me pides cual es la medida de las riquezas? En primer lugar, tener lo que es necesario; después, lo que es suficiente».

Escribo esto y recuerdo el pregón de la Feria y Fiestas de San Miguel que el pasado 24 de septiembre pronunció en su Úbeda natal el prestigioso catedrático de Filosofía de la Universidad Complutense, José Luis Villacañas. Un pregón lejos de alharacas y «quejíos», un hermoso texto –lleno de gratitud– que homenajeaba a una generación, la de nuestros padres y madres, que hizo posible la transición de la que tanto hemos disfrutado. Seguramente la mejor representación de este hermoso país son esas clases bajas y medias que en pueblos y ciudades medianas, lejos de las grandes capitales, nos educaron en la cultura del esfuerzo, el trabajo y la decencia (siempre avalada por la tradición, como dice Villacañas), nos enseñaron a no odiar y fueron capaces de ayudar a construir un futuro democrático y en paz lleno de esperanza. A esas generaciones de nuestros mayores les debemos gratitud inmensa y devoción profunda.

Porque los que nos fuimos a estudiar fuera de nuestros pueblos y ciudades a los dieciséis años y volvemos a ellas cada cierto tiempo, también sabemos ahora lo que es amar a la tierra que nos vio nacer, queriéndola como solo se ama en la distancia. Y nuestros mayores, sin que nadie se lo dijera, sabían entonces, al separarse de nosotros, que sólo desde la educación, la cultura y el conocimiento los hombres y las mujeres nos hacemos más sabios, más libres y más demócratas y, por ende, más justos, mejores profesionales y ciudadanos cabales. Si somos honestos, no deberíamos olvidar nunca que, como escribió Platón, aprender es recordar.

En fin, volvamos a las ferias y fiestas, que es lo que toca, lejos de investiduras y de los insultos y descalificaciones en los que se entretienen nuestros políticos. A una edad provecta, hay que recordar lo que escribió Madame Curie: «Cuanto más se envejece, más se siente que gozar del presente es un don precioso, comparable a un estado de gracia». Que así sea.

1 de octubre 2023

ARTISTAS Y, ADEMÁS, ARTESANOS

Para José Garrido, Tiznajo, y
Juan Pablo Martínez, Pablo TITO

He acudido, sin el más mínimo remordimiento, a la tan de moda inteligencia artificial (GoatChat) para preguntar cuál es la diferencia entre artista y artesano, y la AI me dice: «La diferencia clave entre un artista y un artesano radica en el propósito y la intención detrás de su trabajo. Mientras que un artista busca principalmente la originalidad y la expresión personal, un artesano se centra más en la habilidad técnica y la creación de productos funcionales o decorativos. Ahora, en cuanto a las similitudes, tanto los artistas como los artesanos comparten una pasión por la creatividad y la expresión artística. Ambos buscan crear objetos u obras [la u es mía; el Chat había escrito o, que le vamos a hacer] que sean visualmente atractivos y que puedan transmitir un mensaje o una sensación al espectador…». Es decir, la Inteligencia Artificial, que todo lo sabe, parece reducir la discusión a una cuestión semántica…

Me preocupa este asunto cuando se acerca la conferencia que el Centro de Estudios del Renacimiento, CERU, que ha iniciado sus actividades en Úbeda este año, programa una interesante mesa redonda: «Del Renacimiento a nuestros días: el arte y la artesanía del hierro, del barro y del fuego», que quiere reivindicar la antigüedad, la belleza y el arte de la fragua donde se forja el hierro, y de las piezas de barro que los alfareros cuecen en el horno. Dos milenarios oficios –y no dejaré de llamarlos así– que tienen origen divino. En el

Génesis podemos leer: «Entonces, Yahvé Elohim formó al hombre con el polvo de la tierra, e insuflándole en la nariz el aliento de vida, convirtió al hombre en un alma viva». Y Vulcano, que asimiló las características del dios griego Hefesto, era el romano dios del fuego y de los volcanes, pero también de la elaboración de los metales. Vulcano creaba armas y armaduras singulares para dioses y héroes, como Velázquez nos mostró en *La fragua de Vulcano*, una obra maestra que podemos contemplar en El Prado. Creo yo que el origen y la influencia divina en estas tareas, ya sea cristiana o mitológica, no puede transformar más que en arte las obras de sus herederos, a los que ahora se les llama, administrativa y eufemísticamente hablando, maestros artesanos, no artistas; eso sí, sin que tal maestría les habilite para impartir clases. No hay mayor despropósito, pero no importa porque, buscando al maestro, los alumnos y los que no lo sean encontraran siempre el ejemplo, y eso importa más.

Alejandro Vergara Sharp es doctor en Historia del Arte y Jefe de Conservación de Pintura Flamenca y Pinturas del Norte del Museo Nacional del Prado. Un hombre sabio, enamorado de su trabajo, al que la pandemia le animó a escribir un breve, esclarecedor y hermoso ensayo, *¿Qué es la calidad en el arte?*, que os animo a leer. Vergara, –que cita a Cervantes cuando en el Quijote habla de Orbaneja, el mal pintor de Úbeda, que, si por ventura pintaba un gallo, debajo escribía «esto es gallo, para que no pensasen que era zorra»– nos enseña que la calidad técnica no es más que uno de los ingredientes del arte, no necesariamente el más importante. Y, aunque el ensayo habla, sobre todo, de pintura, de la calidad en la pintura, tendremos que convenir con el experto en que, al final, en el arte todo se conjuga para que aquello que no es, sea; para que la obra de arte sea la que fuere, nos provoque y nos haga creer y sentir en algo que está más allá de lo que vemos. También en la artesanía que, como dice Pablo TITO, es un arte que no necesita explicación.

15 de octubre 2023

MÁSTER Y MÁSTERES

Que están de moda no me cabe duda. Tecleo en Google "anuncios de másteres" y en 0.48 segundos obtengo sólo ciento veintiocho millones de respuestas; no son pocas: el asunto parece más negocio que ocio… En consecuencia, para no calentarme la cabeza y estropearme las meninges, decido olvidarme de lo que pueda decirme la tecnología y orientar el artículo sobre la base de mi experiencia personal, que no es escasa, después de haber intervenido como profesor y conferenciante en decenas de másteres universitarios y haber compartido con miles de alumnos, en muchos países, mis conocimientos en las áreas de formación para las que he sido requerido, desde RRHH a Sostenibilidad, pasando por la Responsabilidad Social, los derechos humanos, el liderazgo, la ética, la educación y la vida. Al final, tengo que reconocer que siempre he querido ser, y parecer, un humanista al que, como no podría ser de otra forma, le importan, sobre todo, las personas, hombres y mujeres, en este mundo que nos ha tocado vivir, una época convulsa, y aún confusa, en la que los humanos no encontramos soluciones y atesoramos una sola convicción: la propia certeza de la incertidumbre. Sobre todo eso reflexiono y escribo cada día.

Con la Inteligencia Artificial, que pende sobre nosotros cual espada de Damocles, y cuyo futuro nos preocupa tanto porque no conocemos su potencial y no alcanzamos siquiera a atisbar su influencia futura en nuestras vidas, si estamos seguros de que muchas métricas actuales ya no sirven y, por ejemplo, la Universidad debería cambiar sus programas de formación e investigación, adaptándolos, y reconvirtiendo sus tareas para no sólo transmitir conocimientos sino para, además, transformarse y transformar a los estudiantes en la conciencia crítica, ética y social de la ciudadanía. Si queremos contribuir al cambio, no podemos resignarnos, como nos enseñó Ernesto Sábato.

En fin, tengo que confesar que no me importa demasiado que el máster sea oficial o propio, habilitante o no, con título de campanillas o con un mero certificado, barato o caro, muy caro o con precio estratosférico, cursado en España, en universidades públicas o privadas, o lejos de nuestras fronteras. Considerando que el máster ideal nos abrirá nuevos horizontes, nos permitirá profundizar en los conocimientos que deseemos, nos habilitará para la investigación o la docencia y nos ayudará en la práctica de profesiones diversas o en el acceso a otras, deberíamos exigir que los másteres tengan un precio decente y un profesorado *ad hoc*, formado y capaz. Y los futuros maestros, alumnos de másteres, podrían reflexionar antes de matricularse en seguir –son meros consejos– el siguiente decálogo ético-práctico:

1. Primero. Hay que estar convencidos de que el máster debe cursarse con y desde la honestidad intelectual.
2. Segundo. El máster es, sobre todo, trabajo, esfuerzo, decencia y... renuncias familiares, personales y de divertimento.
3. Tercero. Si se quiere aprender, sin copiar, los alumnos deben ser exigentes con los profesores y con ellos mismos.
4. Cuarto. Debe estudiarse sin excusa y, al tiempo, leer sobre las materias sobre las que el máster se ocupa.
5. Quinto. Los alumnos deben preguntar, dudar y ser críticos (y herejes) para ser más libres.
6. Sexto. Cualquier máster, sea cual fuere su materia, es compromiso.
7. Séptimo. Hay que ser coherentes, diciendo lo que se debe y haciendo lo que se dice. Los alumnos de un máster serán a su término «oficialmente» maestros, y los que se acerquen a ellos buscaran al maestro y deben encontrar el ejemplo.
8. Octavo. El máster fetén hará a los alumnos mejores

profesionales, incluso apóstoles, y nunca mercenarios/*influencers*.

9. Noveno. Es importante que durante el máster se hagan prácticas. Es importante equivocarse y rectificar.

10. Decimo. El máster debe enseñarnos a dialogar y, como nos dijo Antonio Machado en su *Juan de Mairena*, para dialogar: «Preguntad primero; después, escuchad».

Que así sea.

22 de octubre 2023

NUCCIO ORDINE Y LA AMISTAD

Me quedé con las ganas de escuchar el discurso de agradecimiento que, si no hubiese fallecido inesperadamente en el mes de junio, Nuccio Ordine hubiera leído al recibir –el viernes 20 de octubre– el Premio Princesa de Asturias de Comunicación y Humanidades 2023. Nos quedamos también sin que pudiera visitar Úbeda invitado a conferenciar por el Centro de Estudios del Renacimiento. A pesar de las notas preparatorias en las que Ordine había trabajado para agradecer el galardón, y que facilitó la Fundación Princesa de Asturias, creo que todos nos hemos quedado esperando las palabras que nunca pudimos oír. ¿Que nos hubiera dicho el Profesor Ordine, a quien tuve el honor de conocer y al que tanto admiro, en Úbeda o en la ceremonia de entrega de premios (en el teatro Campoamor de Oviedo) cuando el Jurado del Premio Princesa de Asturias lo había reconocido «por su defensa de las Humanidades y su compromiso con la Educación y los valores enraizados en el pensamiento europeo más universal?».

Pienso en todo lo anterior mientras me afano en abrir, y leer con devoción, las páginas de su libro póstumo, *George Steiner, el huésped incómodo*, publicado por Acantilado hace solo unos días y en el que Nuccio Ordine recoge una entrevista, también póstuma, a un grande, George Steiner, y cuatro conversaciones publicadas en el *Corriere della Sera* a lo largo de los años. La entrevista póstuma fue idea del propio Steiner, fallecido en febrero del 2020, y se pudo leer al día siguiente de su muerte en los periódicos italianos, como una manera discreta, decía Ordine, de romper el silencio, de despedirse de sus amigos, de sus alumnos, de sus muchos lectores… Nuccio y George, George y Nuccio, que tanto monta, fueron, sobre todo amigos, y cuenta Ordine que, tras la muerte de Steiner, encontró en una carta de Francesco Petrarca dirigida a Barbato de Sulmona en 1363, una de las descripciones más profundas y emotivas de cómo un amigo, pese a hallarse a una gran distancia, puede continuar siendo partícipe de la vida diaria de quien lo ama: «Si el destino nos lo impide, supliremos nuestra ausencia con el alma y la imaginación, que eso nada lo puede ya impedir. Tú me abrazarás con tu afecto y yo a ti con el mío; ninguno de los dos tendrá sin el otro sus días, sus noches, viajes, veladas de estudio, charlas, alegría, trabajo, descanso».

Ordine fue profesor, ensayista y filosofo, especialista en el arte y la literatura del Renacimiento y en el pensamiento de Giordano Bruno. No había cumplido los 63 años cuando murió en Cosenza, Italia, el 10 de junio de 2023. George Steiner falleció en 2020, cumplidos los 90 años, en Cambridge, Reino Unido; fue profesor, filósofo, teórico de la literatura, ensayista, traductor y acerado crítico, y un ejemplo del intelectual europeo políglota. Fueron, son, dos grandes personalidades intelectuales, dos maestros en los que se busca la palabra y el ejemplo, y los dos premios Príncipe/Princesa de Asturias de Comunicación y Humanidades, en 2001 Steiner, y este año Ordine. Ambos representan, sobre todo, a los más destacados humanistas de nuestro tiempo. El Jurado que premió a Steiner en 2001 dijo del maestro que, heredero y partícipe de varias lenguas y culturas, Steiner representa una síntesis armónica de tendencias contrapuestas en la visión del mundo que nos hace pensar en la posibilidad de un entendimiento por encima de diferencias accidentales. George Steiner había llamado de la irreverencia a esta época que nos había tocado vivir.

Nuccio Ordine había escrito unas hermosas reflexiones para leer en la ceremonia de entrega del Princesa de Asturias. No pudo hacerlo, pero su recuerdo estaba con tres grandes maestros que también fueron en su día distinguidos con el Premio: Umberto Eco, Emilio Lledó y George Steiner, maestros de la cultura europea «además de tres grandes amigos míos que a lo largo de los años fueron desempeñando un papel muy importante en mi vida y en mi formación intelectual». Y Ordine desgranó en su nonato discurso una profunda oración de amor sin límites por la literatura, la educación y el conocimiento: las escuelas y las universidades –hubiera leído con su voz cálida– deberían formar a ciudadanos heréticos, capaces de pensar por sí mismos y de rebelarse contra el egoísmo rampante, el racismo y el antisemitismo, contra un capitalismo voraz que hace más ricos a los ricos y más pobres a los pobres y a la clase media y que, en nombre del beneficio, está destruyendo también nuestro planeta. Que así sea, habría que decir, porque como final de su discurso, Ordine había dejado el pensamiento de Oscar Wilde: «un mapa del mundo que no contenga el país de la Utopía no merece ni siquiera que le echemos un vistazo».

27 de octubre 2023

SOBRE LA LIBERTAD

La lectura –que recomiendo– de un excelente artículo del catedrático y filósofo Daniel Innerarity, publicado en el diario *El País* el 3 de noviembre de este año («El futuro de la democracia»), y la reflexión sobre nuestra propia situación política, me ha llevado a repasar algunas notas, escritas hace casi dos décadas, sobre la libertad y John Stuart Mill, el filósofo y economista inglés del XVIII. A él rindo homenaje.

Mill estuvo profundamente enamorado de una mujer casada, y casó con ella una vez que Harriet Taylor, que así se llamaba, enviudó de su primer marido. Siempre consideró a su mujer «inspiradora y, en parte, autora» de sus obras. Fue un hombre honrado y coherente, con mente abierta y civilizada y, más allá de su olvido, uno de los más grandes pensadores políticos de nuestro tiempo, y un ciudadano ejemplar, de los que ahora tanto se echan de menos. Fue, además, el paradigma del liberal humanista debido, entre otras cosas, a que hay en su filosofía y en su vida una mujer como Harriet.

Los lectores me permitirán que para no caer en el pecado de ignorar saberes previos (filosofía, antropología, historia, derecho o sociología) que han cartografiado al hombre a lo largo de su historia, y lejos de la soberbia que atesoran muchos de los que ahora se llaman líderes, políticos o empresariales, vaya usted a saber, uno vuelva los ojos hacia Stuart Mill y hacia su obra, que es su gran legado. Nuestra obligación, creo yo, y más en tiempos convulsos, es profundizar en los clásicos: si no se avanza recordando, siempre se tropieza.

En un libro fundamental y lleno de pasión, *On liberty* (*Sobre la Libertad*), publicado hace más de siglo y medio (1859) y dedicado a título póstumo a Harriet, Mill escribió que «negarse a oír una opinión, porque se está seguro de que es falsa, equivale a afirmar que la verdad que se posee es la verdad absoluta. Toda negativa a una discusión implica una presunción de inefabilidad». Muchas veces, la mayoría de las veces, los hombres y mujeres dirigentes olvidan que, si queremos ser grandes de corazón y de espíritu, hay que rodearse de los mejores. Como escribió en el siglo XVIII Herault de Sechelles, los hombres, «pese a la envidia que les corroe, no piden sino hallar en los demás la grandeza que echan en falta en ellos mismos».

Es verdad que, al final, alguien tiene que tomar la última decisión, pero no es menos cierto que antes de hacerlo conviene escuchar otras opiniones, sobre todo porque, como escribió Stuart Mill, «los hombres no son infalibles; que sus verdades, en la mayor parte, no son más que verdades a medias; que la unanimidad de opinión no es deseable, a menos que resulte de la más completa y libre comparación de opiniones opuestas, y que la diversidad no es un mal, sino un bien…». Creer que se posee la única y sola verdad significa sentirse en el deber de imponerla, también por la «fuerza» de los votos. Un dirigente, un líder que quiera serlo realmente, tiene que convertirse en autoridad, es decir, en hombre o mujer con valores, ambiciones autolimitadas y respeto a la Razón y a la Verdad.

Crecen las amenazas a la democracia en muchos países, con procesos electorales y muchos derechos en peligro y en retroceso según nos cuentan desde la organización IDEA Internacional tras analizar 173 estados: «la democracia, sigue en apuros, estancada en el mejor de los casos y en declive en muchos lugares». Los líderes necesitan a su lado hombres y mujeres leales, no pelotas chupamedias aferrados a un sillón y aun cargo. Sobre todo, porque nadie, absolutamente nadie, es infalible y, como diría Mill, «una opinión, aunque reducida al silencio, puede ser verdadera» y cualquier opinión guarda siempre una porción de verdad. Hay que buscar la contradicción. El hombre es más humano y mejor, sea lo que fuere, cuando, buscando la luz y la verdad, huye de dogmas y es capaz de asumir sus propias contradicciones. Esta es una forma de triunfar también en el mundo político o en el de los negocios, porque no debemos olvidar que el principal compromiso del dirigente, del líder, es la decencia, la lealtad y el sagrado deber de conservar y acrecentar la empresa, la ciudad, la provincia o el país para los que vendrán después. El líder auténtico sabe que el cargo no es suyo y que él es sólo depositario de una historia y de un patrimonio y, en primer lugar, su responsable.

Muchos dirigentes se han dejado atrapar por las vanidades del puesto o del poder. Y han malgastado su autoridad y la función de perfeccionamiento que deben tener. Mucha gente, la sagrada Opinión Pública, está harta de esas imposturas y quiere empresas, gobiernos e instituciones que cumplan la función social y racional para la que fueron creadas, y que no se conviertan sólo en fuentes de enriquecimiento de dirigentes con pocos escrúpulos y ambición no medida. La democracia exige dirigentes, gobiernos, empresarios e instituciones que sean transparentes y acepten rendir cuentas como una obligación y nunca como una humillación; que procuren la solución de los problemas que preocupan a los ciudadanos y respeten los bienes que son de todos, aunque el cuidado y la gestión estén sólo en sus manos, que no es poco.

3 de noviembre 2023

LENGUA DE SUEGRA

Tengo que confesar, y confieso, que he cambiado. Como ahora se dice, la necesidad obliga y, por tanto (Pedro Sánchez *dixit*), hay que hacer de la necesidad virtud. Nunca en mi vida he aceptado cargos políticos, ni mi nombre se ha incluido en ninguna lista electoral a pesar de los diversos ofrecimientos que recibí; nunca he militado en partidos políticos, aunque sí creo tener un amplio currículo de colaboración y compromiso ciudadano porque creo en la importancia de lo público y en la necesidad de trabajar por el bien común, es decir, por la satisfacción de las necesidades humanas. Soy seguidor furibundo de aquella conseja que nos dio Cicerón en su *De officiis*, sobre los deberes, una hermosa reflexión que a modo de epístola moral dedicó a su hijo Marco haciéndole participe de sus profundas convicciones éticas. Cicerón predicaba que el conocimiento de las cuatro virtudes cardinales –prudencia, justicia, fortaleza y templanza– debe llevar implícito un conjunto de compromisos personales y sociales: honestidad, como parte de nuestra conducta vital; solidaridad, como exigencia y obligación si pertenecemos a una comunidad (algo que ya había apuntado Aristóteles) y, por último, la participación activa en la vida de la *polis*…

Ha llegado el momento. Nuestros dirigentes políticos han hecho posible (a ellos les da igual, o eso parece) que el mundo se polarice hasta el extremo de que, en función de nuestras inquietudes políticas, nos neguemos el pan y la sal unos a otros, nos despreciamos sin recato si nuestras posiciones no coinciden y nos escondemos detrás de nuestras inamovibles creencias. Las redes "fecales" no ayudan ni ayudaran a solucionar la cuestión y menos aún los medios de comunicación, escorados sin remedio a posiciones irreductibles, también económicas. Hasta la pertinaz sequía es hoy tema de enfrentamiento no ya con adversarios sino con amigos o familiares. En muchas mesas y reuniones para que todo transcurra plácidamente, ya no se habla de política. Está prohibido.

Hay soluciones. El Roto, por ejemplo, proponía en una gran viñeta publicada hace algunos años soluciones para salir de la crisis, sea la que fuere: hacerse rico, hacerse aún más rico o salir corriendo. Descartadas las dos primeras, por razones obvias, y huyendo del cansancio que me provocaría correr, he decidido tirar por la calle de enmedio: Voy a escribirle a los principales responsables políticos españoles (en 1977 le escribí a Adolfo Suarez exigiendo democracia y Constitución en España y, mira por donde, tenemos democracia y Constitución) para pedirles sentido común, que no es otra cosa que el sentido de la realidad; rogarles que dialoguen y, como siempre se ha dicho, que tengan altura de miras, es decir, trabajar con espíritu abierto, dejando de lado rencillas y críticas, teniendo en mente un bien superior. Y, además, como escribió Borges en *Los Conjurados*, olvidando las diferencias y acentuando las afinidades.

Y, en esas estoy. Como los políticos tampoco me harían caso sea cual fuere la cosa que les dijera, he decidido recomendarles que se regalen estas Navidades no una flor de Pascua sino una maceta con su correspondiente sansevieria, también llamada lengua de suegra probablemente por la semejanza de sus largas hojas con la lengua – larga/afilada también– que se atribuye a las suegras charlatanas que critican a sus yernos o nueras.

Siguiendo la filosofía del *Feng Shui*, la sansevieria –originaria de África y Asia– es muy apreciada por su valor ornamental y sus propiedades medicinales y utilitarias y, además, proporciona equilibrio y armonía entre los habitantes de una casa, un palacio, la sede de un partido político, el Parlamento, o lo que sea, y su entorno. Eso sí, la planta en cuestión, siendo mágica, necesita su lugar ideal: no debe colocarse en sitios donde se trabaje porque, al ser tan poderosa, puede bloquear la productividad; tampoco en los salones porque los elementos de madera absorben la energía y mucho menos en los baños porque son lugares muy hidratados donde se producen fugas de energía y las buenas vibraciones de esta planta desaparecerían con facilidad. El mejor sitio para la sansevieria es la entrada de la casa, protegiendo el lugar de las malas vibraciones y limpiándolo de la mala energía. ¿Se imaginan Congreso, Senado, las sedes del PSOE, PP, Vox, Sumar, palacios de la Moncloa y de la Zarzuela, ¿sedes de los tribunales y etc. llenos de macetas con lenguas de sue- gra? Y, además, estas plantas solo necesitan gelatina para crecer y poco riego, una o dos veces al mes cuando la tierra esté seca, y un buen drenaje. Coser y cantar, pero también dialogar que, como nos enseñó Machado (lo he escrito tantas veces…), es fácil: "preguntad primero; después, escuchad".

28 de noviembre 2023

CINISMO Y POCA VERGÜENZA

Decía Antonio Machado, por boca de Juan de Mairena, que el mundo se anegaría en una gran ola de cinismo. Estamos abocados, escribió don Antonio, "a una gran catástrofe moral de proporciones gigantescas, en la cual sólo queden en pie las virtudes cínicas. Los políticos tendrán que aferrarse a ellas y gobernar con ellas. Nuestra misión es adelantarnos por la inteligencia a devolver su dignidad de hombre al animal humano."

Guiados por el amor a la naturaleza, los cínicos clásicos atesoraban y practicaban algunas virtudes: *parresía* o franqueza en el hablar, *adoxía* o guiarse por la razón sin dejarse influir por modas, *atimía* o privación, *autárkeia* o independencia, *apatheia* o dominio de las pasiones, *kartería* o fortaleza y *ataraxía* o fin ético que se sustenta en la serenidad. En el siglo IV a.C. Antístenes, fundador de la escuela cínica, consideraba que el filósofo debía vigilar al político porque «tan peligroso es dar una espada a un loco como poder a un malvado». Los cínicos actuales, desafortunadamente, ya no tienen nada que ver con los clásicos. Ahora, según el diccionario de la RAE, cínica se dice de la persona que actúa con falsedad o desvergüenza descaradas y es insolente, caradura, impúdica y con un alto nivel de desconfianza hacia los demás; y, además, suele mentir a la hora de argumentar o dialogar con alguien, todo por llevar la razón (su razón), además de menospreciar los argumentos ajenos. Los que saben de estas cosas, dicen que los cínicos del siglo XXI atesoran, además, marcados rasgos egocéntricos, considerando que sus ideas están por encima de las de otros, a los que infravaloran. Y eso deberíamos cambiarlo, como tantas otras cosas.

Ernesto Sábato, que era un hombre sabio, nos dejó una hermosa reflexión cuando escribió que «hay una manera de contribuir al cambio, y es no resignarse» En eso deberíamos estar, y no en preocupaciones estériles que se agotan en sí mismas y nos llevan a ninguna parte. Muchas veces nos olvidamos de que el mundo no se acaba en el lugar donde alcanzan nuestros ojos. Siempre hay un horizonte más allá y lo importante es perseguirlo honestamente, o intentarlo al menos. La ceguera periférica –como la egolatría– es una enfermedad mental fácilmente curable: en lugar de mirarnos el ombligo a todas horas, creernos los reyes del mambo, dogmatizar cada día y olvidarnos de lo que pasa alrededor y de lo que hacen los demás, bastaría con alzar los ojos y aprender de otros que lo están haciendo bien o mejor que nosotros. Y ponernos a la tarea, claro.

Podríamos empezar por la palabra, el mayor bien que posee el hombre. La palabra, el concepto, es todo. La palabra –sólida, veraz, reflexiva y profunda– es el pilar que sostiene el mundo y hace posible todo lo que hacemos. Todo. Quien daña la palabra, destruye el mundo. Y la palabra, el lenguaje tiene dos funciones distintas (Heidegger): un valor instrumental como medio para comunicarnos cosas, y una función ontológica, imprescindible, para expresar nuestro ser profundo y nuestro estar en el mundo con todas sus dudas, inquietudes y oscuridades. Y esta función está siendo arrinconada, olvidada y dañada por la superficialidad y la avalancha de comunicaciones instrumentales que actualmente padecemos, atizadas desde las redes fecales por el redivivo e imperante cinismo del que hacen gala los dirigentes y ciudadanos que pisotean la coherencia o traspasan con muy poca vergüenza las líneas rojas que ellos mismos se marcan.

Para esas personas indignas conviene trasladar al lenguaje de hoy aquellas recomendaciones que hace Erasmo en su retrato del buen gobernante/líder en su *Institutio Principis Christiani*: si actúas personal, política y profesionalmente desde la honradez intelectual y la integridad; si eres independiente, leal y comprometido; si buscas la verdad y das ejemplo, si has sido líder queriéndolo o sin quererlo, tendrás la satisfacción de cumplir con el deber, de cumplir con la Razón, de cumplir con la virtud de la excelencia y de la Ética. Es decir, habrás finalizado tu tarea y contribuido a que triunfe la revolución más difícil, la transformación moral de las sociedades y los pueblos.

Y en eso deberíamos ocuparnos.

15 de diciembre 2023

SOBRE FIESTAS Y PROPÓSITOS

Escribo a propósito de las fiestas de Navidad, Año Nuevo y Reyes Magos, es decir, de las vacaciones de invierno, cuando todo el mundo se va, o se pierde (excepto –entre otros– servicios, comercio, restauración, repartidores…) y las cosas siguen funcionando. En estas semanas hemos oído o pronunciado centenas de veces las palabras y frases clásicas: paz, feliz, felicidades, próspero, venturoso, te deseo lo mejor, año nuevo, gracias por todo y otras de parecida índole. Y cuando ha pasado la lotería sin rozarnos, alguna sentencia con más solera todavía: lo importante es la salud, mientras –con cara de mala leche– juramos en arameo por la suerte del vecino al que le ha tocado la pedrea, o del cuñado al que le han enviado una cesta de Navidad, y a nosotros no. Así son las cosas.

Guardamos en nuestro interior lo mejor y lo peor. Acudimos a las comidas y cenas de empresa y trabajo, que son teóricamente de hermandad (¿?), con la sonrisa puesta y la mala leche guardada, esperando siempre tiempos mejores; a escondidas, pero sin demasiado recato, ponemos de hoja perejil al jefe, seguramente con razón, aguardando ansiosos (y más en estos tiempos) una subida de sueldo que nunca es suficiente, o un ascenso que tampoco llega. Hacemos actos de contrición (¿todavía existe eso?) y nos ponemos deberes para los doce meses que principian en enero; escribimos un listado de buenos propósitos y nos comprometemos para dejar de fumar, beber menos, ir al gimnasio con regularidad, estudiar inglés, hacer más vida de familia, colaborar con alguna ONG, dialogar más, olvidarnos de los dogmas o ser empáticos con los que nos rodean. Queremos ser felices a toda costa, consumir menos y vivir mejor, seguramente porque en el fondo nos acordamos de lo que decía Aristóteles, que el hombre feliz necesita gozar sin dificultad de diferentes bienes exteriores.

Pero nos olvidamos de que estamos viviendo la era de la felicidad paradójica (Lipovetsky, 2007), y de que se ha puesto en marcha, animada por los *influencers* mercenarios, una nueva fase del capitalismo del consumo, la sociedad del hiperconsumo, que también reclama soluciones paradójicas. La búsqueda de la felicidad es un camino sin fin y el ser humano, en la época de la comunicación y del progreso –muchas veces confundido con la velocidad– es un ser desamparado. En un tiempo de transición, de incertidumbre, redes fecales y dogmatismos sin fin, de no saber muy bien donde se va, cobran sentido los versos del poema del ubetense Fernando Adam: «Irse tiene sus fronteras / en un lado lo que dejas / en el otro lo que esperas».

En feliz y acertada expresión de Bauman, estamos transitando de una modernidad «sólida» (estable y repetitiva) a una «liquida»; es decir, flexible y voluble, casi gaseosa, y las estructuras sociales ya no perduran el tiempo necesario para solidificarse y no sirven como marcos de referencia para la acción humana. La llamada cuesta de enero es un ejemplo de cuanto digo. Nos tocará pagar los excesos navideños y poner en marcha nuevas estrategias, sin olvidar que la estrategia es una respuesta global inteligente. Si no es global, será una simple táctica; si no es inteligente, será una tontería y no están los tiempos para estupideces. Hay que pedirles a las empresas e instituciones (y a nosotros mismos) que, además de hacer bien su tarea, satisfagan su función social. El mejor compromiso es que seamos capaces de cumplir con nuestro deber sin presumir demasiado, con coherencia y sin engaños, dialogando.

Con la que está cayendo, ignoro si para conseguir la tan deseada felicidad en estos tiempos navideños, hay que hacerse el idiota o serlo de verdad. Tengo la impresión de que en esta época no podemos buscar el absoluto. Seguramente lo importante no es ser feliz, sino merecerlo. Y no debemos desesperar. Jorge Luis Borges, mi amigo literario, tiene escrito, con razón, que «si en todos los idiomas existe la palabra felicidad, es verosímil que también exista la cosa, siquiera a modo de esperanza o de nostalgia. Algunas veces, al doblar la esquina o cruzar una calle, me ha llegado, no sé de dónde, una racha de felicidad…». A todos nosotros espero que también nos alcance en 2024.

28 de diciembre 2023

CANCAMUSA

En alusión a la expulsión de los mercaderes del templo de Jerusalén, como se narra en los Evangelios, Franklin D. Roosevelt, treinta y dos presidentes de los Estados Unidos de América, proclamó en su discurso de investidura, marzo de 1933: «los cambistas han abandonado el lugar preeminente que ocupaban en el templo de la civilización. Ahora podemos devolver a ese templo sus antiguos valores: para ello habremos de observar principios más nobles que el del simple beneficio económico». Son palabras repetidamente citadas que noventa años más tarde conservan su frescura y su verdad y, a mi juicio, representan la exigencia de un compromiso universal, el rechazo de la riqueza material como medida del éxito. Hoy, cuando alcanzamos el primer cuarto del siglo XXI, un párrafo del citado discurso de Roosevelt nos recuerda que «la felicidad no radica en tener dinero, sino en el placer del trabajo bien hecho, en la emoción que produce el esfuerzo creativo. No olvidemos, en la insensata búsqueda de ganancias efímeras, el gozo y la satisfacción moral que acompañan al ejercicio de un oficio».

Vivimos tiempos en los que, como el que no quiere la cosa y es notorio (lo he repetido hasta el infinito), la corrupción y la desigualdad se han instalado entre nosotros y no parece que quieran irse, entre otras razones, porque todos aceptamos esas lacras como lo más natural del mundo y trabajamos muy poco para erradicarlas. No hay voluntad política para hacerlo. Hoy, los humanos sólo tenemos certeza de la propia incertidumbre, a la que hemos normalizado en perjuicio de la confianza; mejor, de una permanente crisis de desconfianza. Hoy parece que la confianza se ha trasladado a los seguidores/*followers* de los *influencers* mercenarios que se hacen ricos gracias a las marcas y productos que publicitan. Los *influencers* han anulado a los referentes, a los ejemplos. Y el problema de nuestra época es que las personas no quieren ser útiles sino famosos, ricos e importantes. Cierto que cada vez hay menos personas en las que mirarse, pero muchos trabajamos por recuperar la sabia y latina conseja: «Es menester y escoger y tener siempre ante nuestros ojos a algún hombre virtuoso, a fin de vivir como si nos viere y de obrar como si nos contemplase». Dados los antecedentes que arrastramos, por favor, olvidemos a los políticos.

También son días, o años, vaya usted a saber, en los que prima el deseo irrefrenable del éxito frente al trabajo y el esfuerzo para conseguir la excelencia. Es decir, se prefiere y se busca –no importa cómo y me importa repetirlo– el brillo refulgente y no la luz que ilumina, olvidando los que Séneca le escribía a Lucilio: «…la luz tiene un origen bien determinado en sí misma mientras que el resplandor brilla con claridad prestada».

Lo difícil no es tener éxito. Lo difícil, decía Albert Camus, es merecerlo. Y, aunque lo merezcamos, su semejanza con el mérito engaña a hombres y mujeres. Al fin y al cabo, el éxito no es más que el resultado, bueno o malo, de una empresa o de una acción, y normalmente es pasajero. Sin huir del éxito, ni buscarlo a toda costa, deberíamos trabajar por la excelencia que, señores mandamases, no es más que la virtud del excelente, el *arete* griego, la *virtu* romana libre de moralina, la virtud del Renacimiento. Cumplir responsablemente con nuestro deber, el deber de ser responsables si queremos permanecer libres y, ojalá, iguales; sobresalir en nuestro comportamiento ético y en nuestro compromiso, con coherencia y haciendo verdad cuanto dijimos.

Comparto mis reflexiones porque hace unos días recordé que, siendo muy niño, mi padre me enseñó una palabra, cancamusa, que

–aunque está en desuso– viene al pelo en estos tiempos que corren: «dicho o hecho con que se pretende desorientar a alguien para que no advierta el engaño de que va a ser objeto».

10 de enero de 2024

EDADISMO Y EDAD PROVECTA

«A semejanza de muchos viejos grafómanos, en mí lo difícil no es pensar, sino cesar de pensar. Lo que no obsta para que lo pensado carezca de valor cotizable en el mercado literario, filosófico o científico» escribió el Premio Nobel de Medicina, Santiago Ramón y Cajal, en un delicioso libro escrito poco antes de su muerte, en 1934 (*El mundo visto a los ochenta años*), del que conservo, como oro en paño, una edición de 1941 en la que don Santiago pasa revista «a las decadencias inevitables de los ancianos, singularmente de los octogenarios, agravadas por achaques o enfermedades eventuales».

Estando en los setenta, lo que me ocupa y, en alguna medida, preocupa es esta cosa tan de moda llamada edadismo que, según el reciente Informe Mundial sobre el asunto –patrocinado por Naciones Unidas y la OMS– se refiere «a los estereotipos (cómo pensamos), los prejuicios (cómo nos sentimos) y la discriminación (cómo actuamos) hacia las personas en función de su edad. Puede ser institucional, interpersonal o auto afligido». El citado informe recoge que el edadismo institucional se refiere a las leyes, reglas, normas sociales, políticas y prácticas de las instituciones que restringen injustamente las oportunidades y perjudican sistemáticamente a las personas en razón de su edad. El edadismo interpersonal surge en las interacciones entre dos o más personas, mientras que el edadismo autoinfligido se produce cuando se interioriza el edadismo y se vuelve contra uno mismo. A nivel mundial, una de cada dos personas son edadistas contra las personas mayores. En Europa, única región de la que se disponen datos, como dice el repetido informe, una persona de cada tres afirma haber sido objeto de edadismo. Y como estrategias para reducir el edadismo, el texto nos dice que se ha demostrado la eficacia de tres actuaciones: la política y la legislación, las actividades educativas (en todos los niveles) y las actividades de contacto intergeneracional que tengan por objeto fomentar la interacción entre personas de distintas generaciones. En fin, santa palabra.

Gozo (y compartir el gozo nunca es una ofensa) de una provecta edad, pero poco tengo que decir de la vejez porque, estoy con Machado (Juan de Mairena), «no creo haberla alcanzado todavía. Noto, sin embargo, que mi cuerpo se va poniendo en ridículo; y esto es la vejez para la mayoría de los hombres. Os confieso que no me hace maldita la gracia». A mí tampoco, pero el problema de la vejez se inicia para nosotros, como todos los problemas, cuando nos preguntamos si la vejez existe. Entendámonos, dice don Antonio, «si la vejez existe con independencia del reúma, la arterioesclerosis y otros achaques más o menos aparentes, que contribuyen al deterioro progresivo de nuestro organismo».

«Envejecer no es deteriorarse» recuerda Aminta Ruiz, de 85 años, que imparte clases de pintura, dibujo y bordado en el Programa de personas mayores de la Fundación La Caixa, según explica en *El País*: «Es la manera de apoderarme del mundo y que el mundo no se apodere de mí». El mundo, en este caso del trabajo, si parece haberse apoderado, conscientemente, del edadismo más feroz: En España hay unas 850.000 personas en paro de más de cincuenta años. Pareciera que a mayor edad menos competencias y, en la práctica, esto se traduce, según un estudio de la Fundación ISEAK, en que un parado de 49 años tiene que enviar el doble de currículos que otro de 35 para conseguir una entrevista de trabajo, según se recoge en un editorial del periódico de PRISA.

La escritora y periodista Rosa Montero nos contó en un artículo un hermoso sucedido: «En las Navidades de 1928, Marie Curie le mandó una carta a su hija Irene para felicitarle las fiestas. Y escribió: Os deseo un año de salud, de satisfacciones de buen trabajo, un año durante el cual tengáis cada día el gusto de vivir, sin esperar que los días hayan tenido que pasar para encontrar su satisfacción y sin tener necesidad de poner esperanzas de felicidad en los días que hayan de venir. Cuanto más se envejece, más se siente que saber gozar del presente es un don precioso, comparable a un estado de gracia». Si así lo hacemos se cumplirá, sin edadismo que valga, aquella vieja máxima que Virgilio escribió en la Eneida: «*Jam senior, sed cruda deo viridisque senectus*», estaba mayor, pero su vejez era lozana como la de un dios.

14 de enero de 2024

LA ERA
DE LA DESIGUALDAD

Cada año, en el mes de enero, la pequeña localidad suiza de Davos acoge el tradicional encuentro entre los representantes del poder y del dios dinero; es decir, y digo bien, entre un poder político/económico y el poder económico que manda de verdad, que se ocuparán este año en debatir (¿?) sobre el tema que está de moda: la Inteligencia Artificial. Lo de debatir no deja de ser un eufemismo porque los mandamases acuden a Davos a decir lo que les da la gana, reunirse con quien quieren (inversores y amiguetes sobre todo) y hacer *marketing* político/económico, pero quien no acude al Foro Económico Mundial, quien no aparece por Davos, no es nadie o es un don nadie, y eso se nota en los despropósitos del encuentro, tanto es así que, según leo, el alquiler de la casa que acoja a una delegación (empresarial o política) durante cuatro/cinco días le ha costado, por ejemplo, a Colombia un millón de francos suizos, aproximadamente un millón de euros. Si, es verdad, estamos locos…

Cada año, también en el mes de enero, para contribuir al debate público, Oxfam –en España, Oxfam Intermón– presenta su Informe sobre la pobreza en el mundo que este año se titula «DESIGUALDAD S.A.» y principia así: «Desde 2020, la riqueza conjunta de los cinco hombres más ricos del mundo se ha duplicado. Durante el mismo período, la riqueza acumulada de 5000 millones de personas a nivel global se ha reducido. Las penurias y el hambre son una realidad cotidiana para muchas personas alrededor del mundo. A este ritmo, se necesitarán 230 años para erradicar la pobreza; sin embargo, en tan solo 10 años podríamos tener nuestro primer billonario».

El mundo sigue siendo maravilloso sólo para una reducida minoría. La enorme concentración de poder empresarial y monopolístico está exacerbando la desigualdad en la economía mundial. Un setenta por ciento de las mayores economías mundiales son empresas y, como implora Oxfam, podremos lograr un mundo más igualitario siempre y cuando los Gobiernos regulen y reinventen eficazmente el sector privado. Angus Daton, premio Nobel de economía, ya nos advirtió de que la desigualdad corrompe/corromperá la democracia. Y tengo la impresión de que la desigualdad, que ha venido para quedarse, no solo destrozará la democracia; corromperá la Sociedad toda si no aplicamos medidas urgentes de rescate, desde revitalizar el Estado, dice Intermón, regular el sector privado y reinventar el sector empresarial.

El cincuenta por ciento de la población española tiene alguna clase de dificultad para llegar a fin de mes y viven ya muy cerca del límite de sus posibilidades, y una de cada cinco personas está ya en el límite. Los anteriores datos son para pensar y hacer. La globalización, que en su nacimiento y expansión no fue regulada por quienes podían hacerlo, ya no nos sirve: se han globalizado también la pobreza y la desigualdad. La hiperglobalización ha desplazado la esfera de influencia de la política y es necesaria una reglobalización que modifique las reglas del juego. Nos aguarda la todavía ignota IA, de la que –dicen– se iba a hablar en Davos y las métricas actuales ya no nos sirven. No bastan las reformas, debemos transformar estructuras y cambiar a los dirigentes y a las instituciones obsoletas que son incapaces o inútiles para gestionar la nueva situación.

En uno de sus libros más celebrado, Séneca dirige a Lucilio, uno de sus discípulos, una serie de consejos que tienen carácter universal y traspasan las fronteras del tiempo. Séneca le habla a Lucilio (nos habla a todos) de la importancia de vivir en equilibrio con la naturaleza, sobre la importancia de las cosas de la vida cotidiana, sobre cómo llevar una vida sana y honesta, qué es lícito y qué no lo es, lo que nos enriquece y nos empobrece, lo que es bueno o malo sin caer en el maniqueísmo y, en definitiva, sobre como aprender a vivir y a morir. Y, cuando habla el filósofo sobre pobreza y riqueza, nos enseña la clave de bóveda de nuestro humano porvenir: «¿Me pides cuál es la medida de las riquezas? En primer lugar, tener lo que es necesario; después, lo que es suficiente"» ¿Hablarán de esas cosas en Davos…?

19 de enero de 2024

VITUPERIOS
Y GATUPERIOS

Principiaremos por las definiciones que, lo sé, son conocidas, pero que conviene recordar por la estrecha relación que guardan los sustantivos que titulan este artículo. Si el vituperio supone criticar o censurar con dureza algo o a alguien, el gatuperio es –coloquialmente– un asunto sucio, un embrollo y, según el diccionario, una mezcla dañina o desagradable que se obtiene al juntar diversas sustancias incompatibles. Vituperar es execrar, reprender o recriminar, pero dando leña, no con maneras suaves y educadas.

Me temo muy mucho que la polarización (singularmente política) ha hecho realidad lo que nunca creímos posible: que la división se instale entre nosotros y, sin propósito de enmienda, borre de un plumazo y como el que no quiere la cosa, el sentido común. Tanto es así que ha saltado por los aires aquello que, al principio de su *Discurso del Método* (1637), escribió Descartes: «El sentido común está muy bien repartido en el mundo, pues cada uno piensa estar tan bien provisto de él que incluso los que son más difíciles de contentar no tienen en esto costumbre de dar más del que tienen». En pleno siglo XXI, por razones que no alcanzo a comprender, el sentido de la realidad, que no otra cosa es el sentido común, parece haberse esfumado. No precisamos propósitos ni buenas intenciones. Necesitamos dirigentes capaces, que no tenemos, y un nuevo contrato social que transforme España en un país más decente y mejor, y no podemos dejar que sean sólo los políticos quienes se ocupen de llevar a buen puerto las legítimas esperanzas de los ciudadanos. No necesitamos más deseos de no se sabe qué sino propósito (más bien compromiso) de enmienda para conjugar libertad y justicia –eso es la democracia– y ejercer el derecho y el deber de ser responsables y participar en procesos que hagan oír las voces de los que luchan contra la injusticia social para, si se consigue, poder vivir la libertad de ser libres y, por tanto, iguales. Nos estamos perdiendo el respeto a nosotros mismos, olvidando –como nos enseñó Baltasar Gracián– que «la panacea de todas las necedades es la prudencia porque cada uno debe conocer su esfera de actividad y su condición. Así podrá ajustar la imaginación a la realidad».

Porque necedad es, y no me cabe duda, esta estúpida y exacerbada costumbre entre los políticos de decir lo que van a hacer y nunca hacen; comprometerse a cumplir y quedarse en el camino y/o ponerse líneas rojas que se saltan todos los días por mor de lo que ahora se denomina cambio de opinión y que, en general, no obedece a la reflexión y a la búsqueda del bien común sino a criterios políticos que solo se explican (ayudados por los medios de comunicación afines y también polarizados) por el afán de conservar o alcanzar el poder para hacerse eternos en su desempeño, una legítima aspiración si fuera cabal, pero no lo es.

Siempre he dicho que liderar es educar; y que, si tuviera que escoger las herramientas definitivas para acabar con la desigualdad, elegiría educación, educación y educación, junto a la salud, uno de los bienes comunes. Pero me temo que eso vale de poco: hemos desintegrado los argumentos y el debate racional, a costa de lo que hoy se llama posverdad, que no sólo consiste en negar la verdad sino en falsearla, incluso en negar su prevalencia sobre la mentira. Es verdad que, desde que el mundo es tal, el hombre se ha engañado a sí mismo y a los demás. Pero ahora ocurre algo más grave: se niega la autoridad de la Razón y se niega, sobre todo, la autoridad de los hechos. Triunfa el gatuperio y, en consecuencia, aparece el vituperio. Y así andamos, o así andan los políticos: embrollando y ensuciando la vida del común, y recibiendo vituperios a los que ya se han acostumbrado. Como escribió Borges, algún día mereceremos no tener gobernantes, y seguramente nos iría mejor.

30 de enero de 2024

CORRUPCIÓN, DIVINO TESORO

Carlos Sánchez, periodista económico de renombre, acaba de publicar *Capitalismo de amiguetes* (Harper Collins, 2024), un libro que recomiendo vivamente y en el que, al mencionar a la nueva clase social nacida en España tras la desamortización de Mendizábal (que tuvo notorios efectos recaudatorios pero fracasó socialmente, todo hay que decirlo, merced a la corrupción y a la manipulación de las comisiones municipales que debían velar por la pureza del proceso), se nos dice: «Es en este contexto en el que floreció una vieja expresión que refleja bien el orden social de la época: el término recomendación, que es el antecedente inmediato de eso que hoy se llamaría amiguismo, y que en ocasiones es la puerta de entrada a la corrupción». Se empieza por pequeños favores –las recomendaciones– que en España se hicieron (y son) populares para conseguir determinados objetivos, puestos de trabajo o la adjudicación de algún contrato, y algunos acaban llevándose el dinero a espuertas...

Los corruptos son las personas y/o las instituciones (y sus dirigentes, que de todo hay) que con su deshonesto e ilícito actuar destruyen la convivencia, el entorno familiar o profesional, la empresa o institución para la que trabajen y, cuando la corrupción se instala en el tejido social y ahí se queda, consiguen que el peligro de derrumbe alcance a la democracia y a la Sociedad toda. Corrupción y desigualdad –lo hemos escrito muchas veces– son las lacras que todos toleramos y con las que nos hemos acostumbrado a vivir. Así es la condición humana, y así seguirá siendo porque en el Génesis ya se dice que «miró Yahvé a la tierra y he aquí que estaba corrompida». Lo grave no es, pues, que la corrupción exista; lo perverso es que, como ha llegado para quedarse, ahora la aceptemos y nos parece lo más natural del mundo.

El Índice de Percepción de la Corrupción (IPC) 2023, publicado el 30 de enero de 2024 por Transparencia Internacional, no ha traído buenas noticias. Por ejemplo, revela que España no avanza en sus esfuerzos (¿?) de prevención y lucha contra la corrupción, manteniendo la puntuación del año pasado (60/100). Con esta calificación, que representa un aprobado, España baja un puesto respecto del Índice del año pasado y cuatro sobre el de 2020, y ocupa la posición 36 sobre los 180 países del ranking global del IPC, junto con San Vicente y las Granadinas y Letonia; una posición por encima de Botsuana, dos por encima de Qatar y otros dos por debajo de Portugal y Lituania. Ahí y así estamos, y no se nos cae la cara de vergüenza…

Un año más, y van seis consecutivos, en la lucha contra la corrupción Dinamarca encabeza el índice, junto con Finlandia, Nueva Zelanda, Noruega, Singapur, Suecia y Suiza, todos con más de 80 puntos. Y cierran la lista Somalia, Venezuela, Siria y Sudan del Sur, con 13 puntos o menos. Transparencia Internacional concluye que la mayoría de los países han logrado nulos o mínimos avances al combatir la corrupción en el sector público. Durante doce años consecutivos, el promedio global del IPC se mantiene sin variaciones en 43 puntos (suspenso) y más de dos tercios de los países obtienen una puntuación inferior a 50, suspensos también. Estos datos nos llevan a una conclusión grave: existen en el mundo serios problemas de corrupción y la falta de control es palmaria. Poco, muy poco, hacemos para acabar con ella.

Olvidamos que el único antídoto/vacuna que existe contra la corrupción, además de voluntad política, pedagogía y leyes para acabar con ella, es la transparencia. Hoy, la transparencia es una exigencia de las sociedades que aspiran a ser democráticas y avanzadas. En el siglo XXI, en nuestra actual sociedad de la desconfianza y la sospecha, resurge una exigencia de transparencia que, como afirma el filósofo Byung Chul-Han, «nos indica que el fundamento moral de la Sociedad se ha hecho frágil, que los valores morales, como la honradez y la lealtad, pierden cada vez más su significación. En lugar de la resquebrajadiza instancia moral se introduce la transparencia como nuevo imperativo social». Por lo que se ve, y está claro, a los políticos les interesa poco este asunto: corrupción, divino tesoro.

31 de enero de 2024

EL TRABAJO SOÑADO

La irrupción de la Inteligencia Artificial, IA por sus siglas en inglés, ha puesto de moda, una vez más, el asunto de los llamados Recursos Humanos en el mundo de la empresa y la organizaciones: la incertidumbre que nos persigue a los humanos desde hace tantos siglos y el desconocimiento de lo qué pasará cuando la IA esté funcionando a pleno rendimiento, hace tanto daño como los pronósticos apocalípticos sobre los males que nos acarrea una herramienta de la que tenemos más dudas que certezas y cuyo alcance desconocemos. Los que se dicen más sensatos exigen una regulación razonable y un uso ético y responsable de la Inteligencia Artificial, y los más optimistas predicen que la adopción de herramientas de IA traerá en diez años un alza del 7 por ciento del PIB mundial. La ética parece que no importa demasiado, aunque hay voces (servidor también) que se alzan exigiendo comportamientos éticos cuando de IA se trata. Al final, uno recuerda una viñeta (real o inventada) del gran Quino en la que Mafalda, reflexionando sobre este asunto, se pregunta y se contesta a sí misma: «¿Te preocupas por el avance de la inteligencia artificial?» / «No. Me preocupa más el retroceso de la inteligencia natural».

No sé si estamos en ese momento, un instante al fin, aunque dure algunos años; no lo sé, pero la incertidumbre seguirá reinando entre nosotros hasta que nos aclaremos con esto de la Inteligencia Artificial y de la digitalización. Por ejemplo, leo que la empresa de servicios financieros Remitly publicó datos basados en búsquedas globales de Google realizados entre octubre de 2021 y el mismo mes de 2022 con la pregunta «como ser un...» y una profesión/

oficio al término de la frase. Los resultados se han clasificado y desglosado según el trabajo «soñado» más buscado en cada país. De los 20 oficios más buscados en el mundo, piloto, escritor, bailarín, *youtuber* y empresario ocupan los primeros puestos. En India, Nueva Zelanda y Sudáfrica, escribir es el trabajo soñado para la mayoría y, como no podría ser de otra forma, los chinos quieren ser dietistas y –será por la que está cayendo– en el Líbano sueñan con ser cómicos. España es diferente: según el informe, en España la mayoría de los que han contestado a la encuesta quieren ser, ¡tachín-tachín!, *influencers*. Ahí queda eso...

Igual la razón de este resultado tan simpático mire usted por donde, está en las recientes pandemias, crisis y guerras, y por este despropósito en el que el mundo vive cada día. Un duro presente alimentado por lo que Muñoz Molina ha llamado el «guirigay neurótico de las redes sociales», un tumulto reconvertido en una especie de poderosa fuerza interna «que provoca en uno mismo la impaciencia de compartir o de contestar, de atacar o defenderse, de emitir una opinión tajante cada dos minutos...». Estamos estando, sin duda, un cambio de época y un proceso repleto de interrogantes y desconfianza. El futuro de los seres humanos está siempre lleno de dudas y, por eso, también de miedos. Por nuestra propia naturaleza, y porque nos enfrentamos a los azarosos movimientos de la historia, frente a la que casi siempre nos encontramos desprotegidos y a la intemperie. Por mucho que sea legítimo, no es ético ni estético que los que más nos ayudaron y los que más trabajaron, por ejemplo, para salir del COVID (médicos, sanitarios, conductores, reponedores, cajeros, profesores, policías y militares, barrenderos, voluntarios...) sean las personas que peor pagadas están y menos dinero ganan en cualquier circunstancia. Cuando el COVID nos enseñó a valorar lo esencial, nos acercamos a esa tristísima realidad que nos confirma, entre otras cosas, como hemos descuidado pilares esenciales de la dignidad humana: salud, educación y algunos más, como el ejemplo. Aunque en España, o en América, muchos sueñan con serlo, necesitamos menos *influencers*, aunque sean políticos, y más referentes como todos los héroes anónimos que nos hicieron salir a los balcones, cada día, para aplaudir su desprendimiento y generosidad. Ellos aprendieron, y nosotros gracias a ellos, que el galardón de las buenas obras, como escribió Séneca, es haberlas hecho. No hay, fuera de ellas, otro premio digno.

8 de febrero de 2024

ENCASTILLADOS

Es notorio y sabido que Jaén, sí, Jaén, es el segundo territorio de Europa (tras Gales) con más castillos y estructuras medievales de carácter defensivo. Es lo que tiene ser desde antiguo tierra de frontera o «la frontera insomne», como la llama Salvador Compán en un excelente y hermoso ensayo sobre Jaén. Ejemplos no faltan: desde el castillo de la Yedra, en Cazorla, cuya torre dio origen a la leyenda de la Tragantía; el castillo de Santa Catalina, en la capital; el castillo de Burgalimar en Baños de la Encina, el más antiguo de España; el de Alcalá la Real, el de Sabiote, el imponente de Segura de la Sierra o la joya renacentista del Castillo de Canena. En total, doscientas treinta y siete fortificaciones, noventa y siete de las cuales son castillos evocadores desde cuyas torres y almenas se contemplan millones de olivos.

Me pregunto si, visto lo visto, los jaeneros o jiennenses, además de estar pegados a la tierra (los olivos mandan), estamos también encastillados, demasiado encerrados en nosotros mismos, y ante la duda acudo al diccionario de la RAE: 5ª acepción de encastillar, «dicho de una persona: perseverar con tesón, y a veces con obstinación, en su parecer y dictamen, sin atender a razones en contrario». Son sinónimos de encastillarse, obcecarse, obstinarse, empeñarse, enrocarse, encerrarse, cegarse, insistir, porfiar, emperrarse. Al participio de encastillar, encastillado, la RAE lo define como altivo y soberbio. Ahí es nada. ¿No será que a pesar de cultivar tantos olivos estamos permanentemente mirándonos el ombligo, como si no hubiera otro afán? Si el estilo olivar es dar frutos sin hacer ostentación de flores, sin presumir, igual ha llegado el tiempo de hacer autocrítica y preguntarnos las personas que nacimos o vivimos en la provincia de Jaén, las empresas y empresarios de esta tierra, nuestros dirigentes políticos, los medios de comunicación, la sociedad civil, la Universidad o el *sursum corda* –todos los estamentos o personas que atesoran un poder transformador– que podemos hacer para colocar a esta provincia en el lugar que le corresponde luchando de consuno por satisfacer las necesidades de sus gentes, que no otra cosa es el bien común. El mundo nunca se acaba donde alcanzan los ojos; siempre hay un horizonte más allá y tengo la impresión de que no hemos aprendido a alzar la vista y perseguir la utopía, que siempre está en el horizonte. Nos conformamos con verlas venir, reclamando subvenciones y perdemos población dejando que se nos vayan los mejores; somos incapaces de construir esperanzas para los más jóvenes, a quienes les pertenece el futuro y cuya confianza debemos recuperar. Pero los sesenta y seis millones de olivos, las ciudades patrimonio y los parques naturales no bastan; tampoco las lluvias que casi nunca llegan. Hay que ser más productivos e innovadores y eficientes. La historia y los sufrimientos enseñan, pero creo que hemos aprendido muy poco.

Necesitamos una alianza entre las empresas, las instituciones provinciales y la Universidad. Con el panorama actual, cuesta trabajo creer que sea posible para las empresas mantenerse cómodamente y sin compromisos externos. En esta nueva época hay un fondo de trascendencia histórica y las empresas –y sus dirigentes– van a tener que jugar, lo quieran o no, un rol protagónico en el desarrollo económico y en la propia estabilidad social. Si la auténtica democracia nos obliga a fusionar justicia y libertad, para progresar debemos encontrar nuevas formas de consenso social, recuperando formulas y alianzas publico/privadas de cooperación que contribuyan al desarrollo, sean capaces de crear riqueza y luchen contra la pobreza, la desigualdad y la corrupción. Borges nos enseñó que la vida está llena de momentos, y en uno de esos grandes momentos nos encontramos. Las empresas se han dado cuenta de que, en un mundo globalizado, hay que ser competitivos para obtener resultados positivos. Hoy, la principal responsabilidad de la empresa, y de sus gestores, es dar trabajo, crear riqueza, obtener resultados, ser eficiente, competitiva e innovadora. Y, además, la empresa y las instituciones (y sus dirigentes) tienen otra responsabilidad que va pareja, y aún más allá, del mero resultado económico: tienen que hacer posible un escenario más humano y habitable.

Por eso, referirse a una empresa ejemplo de innovación como Castillo de Canena, que produce y comercializa uno de los mejores aceites de oliva del mundo, es obligado. El 15 de febrero, en la finca «Conde de Guadiana», ubicada en el término de Úbeda, Castillo de Canena, con el apoyo técnico de Grupo Vialterra, ha inaugurado la planta solar flotante más grande de Andalucía, «una infraestructura que pone el acento en la sostenibilidad y la eficiencia energética, regenerando el territorio y respetando el ecosistema y contribuyendo a la descarbonización». Son las palabras de Luis Vañó, presidente de la Sociedad, que con sus hijos Paco y Rosa ha puesto en marcha un gran proyecto. Y, siéndolo, lo mejor no era la puesta en marcha del proyecto sino la presencia de don Luis, enhiesto y elegante (noventa y cinco años nos contemplan), con la satisfacción del deber cumplido y una sonrisa llena de futuro y de esperanza.

18 de febrero de 2024

BUROCRACIA
Y NADERÍAS

Max Weber se honró en haber sido el primero en estudiar y acotar un fenómeno controvertido y problemático, la burocracia, una especie de imperio o corpus de normas que, desde una pretendida racionalidad, quieren ser eficientes y reforzar el principio de autoridad pero que, al estar sometidas a procesos muy jerarquizados y muy reglados, despersonalizan esa autoridad y pueden degenerar en arbitrariedad, coartando la libertad de los ciudadanos sujetos a esas normas que, en ocasiones, tienen que lidiar con enormes y desproporcionadas cargas administrativas que no les son propias. Toda burocracia, decía el sociólogo alemán, «intenta acrecentar la superioridad de los profesionalmente informados [los llamados burócratas] conservando en secreto sus conocimientos y propósitos. La administración burocrática siempre propende a ser una administración de "sesiones secretas"; tanto como sea posible, hurtan a toda crítica sus conocimientos y sus actividades». No creo que sea, o sí, con mala fe.

Los burócratas de Bruselas, los que trabajan y nos gobiernan en la UE, han sufrido un importante revolcón con las recientes protestas de los agricultores europeos, que han invadido con tractores las ciudades del viejo continente para reclamar (y conseguir) la reducción de la burocracia para solicitar ayudas y facilitar los trámites administrativos de los innumerables documentos que deben adjuntarse a cualquier solicitud. No se entiende que, en el siglo XXI, vigilados hasta el extremo, controlados como estamos por el papá Estado, los ciudadanos que se relacionan con las instancias oficiales tengamos que cumplimentar trámites muy engorrosos y aportar datos o documentos que la propia Administración conoce y atesora en mil archivos. El papeleo, dicen los medios, es un mal endémico de la Administración, y a menudo no está justificado. He repetido en no pocas ocasiones que las leyes, por sí solas, nunca solucionan los problemas; si acaso, apuntan vías o principios de arreglo. Pero los políticos y, por extensión, los burócratas (su brazo ejecutor), parecen no darse cuenta. Conocer los problemas, buscar el consenso y dialogar hasta la extenuación antes de proponer soluciones, invocar al sentido común y buscar remedios en forma de leyes o reglamentos es la única forma de ordenar los asuntos públicos a satisfacción. Y esta es una reflexión que podemos aplicar a cualquier ámbito de las administraciones, sean europeas, nacionales, autonómicas o locales. Se acabó el porque sí o porque lo digo yo: la tautología está pasada de moda y es, casi siempre, redundante; y los tiempos no están para tonterías y perogrulladas.

Las naderías tampoco están de moda. Son tiempo pasado. En un precioso articulo (*El País*, octubre de 2018), Javier Marías decía echar de menos, «en esta época de narcisismo», a los autores que inventaban historias apasionantes con un estilo ambicioso y procuraban mostrar las ambigüedades de la vida y de las personas. La denuncia –decía el gran escritor– suele ser espantosa literatura, por buenas que sean sus intenciones. Antes que Marías, Steiner ya había escrito que vivimos la «época de la irreverencia», y no hay más que encender la tele para contrastarlo y ver las miserias que con pelos y señales (y como si lo más estúpido fuese lo más importante del mundo) nos cuentan cada día, en cada programa, a todas horas. Es una patología que ha invadido todas las esferas y amenaza con rodearnos y hacernos la vida imposible.

A estas alturas, ya con edad provecta, me olvido de las naderías –de las cosas que no tienen importancia– y sigo atrapado por el vicio impune de la lectura. Por eso, precisamente, decidí hace algún tiempo leer y releer todo lo que pueda porque a nadie hace daño y a mí me enriquece espiritualmente. Como estaba preparado para la tarea, me he refugiado, una vez más, en *El Quijote*, un extraordinario ejemplo de la vida misma. Justo lo que necesitamos para seguir disfrutándola.

1 de marzo de 2024

BUENOS
Y PRUDENTES DÍAS

Desde la pandemia, algunas veces con acompañamiento fotográfico, al alba de cada día escribo en mi cuenta de *Twitter* (ahora X) la frase que encabeza este artículo. Es una especie de santo y seña, y no sé –esa es la verdad– cómo ni por qué se inició este saludo que es una mezcla de cortesía y educación (buenos días) con un latiguillo a modo de consejo/deseo para que todo vaya bien: prudentes días. La prudencia viene del verbo latino «*provideo-ere*», que significa ver de lejos o prever. Creo sinceramente –y lo he repetido hasta el infinito– que a nuestros políticos (y a muchos dirigentes y, en general, a los seres humanos) les falta prudencia para encarar las crisis que nos acechan y, en muchas ocasiones, sus inevitables consecuencias. Y digo bien, no imprudencia sino prudencia: la capacidad de anticiparnos y de pensar sobre los riesgos posibles que ciertos acontecimientos conllevan, adecuando nuestra conducta para no recibir o producir perjuicios innecesarios, sobre todo cuando se tienen responsabilidades públicas. Heráclito dejó escrito «espera siempre lo inesperado o nunca lo lograrás»; una máxima que nos sirve para reflexionar y, además, juega como frontispicio y lema para practicar la innovación, pero también para cultivar la anticipación, es decir, la prudencia.

Si el don es la gracia o habilidad especial que tenemos para hacer algo, parece claro que en estos pocos meses de legislatura nuestros actuales dirigentes han demostrado ser unos perfectos inútiles en la gestión de sus asuntos, que son los nuestros; es decir, el común, lo que a todos interesa. Así las cosas, esperar lo inesperado, como pedía Heráclito, se ha convertido no en posibilidad sino en certeza.

A nuestros políticos les ha faltado prudencia para encarar las crisis (la amnistía es un pedazo de crisis, como lo es la corrupción) y todos los males añadidos que las acompañan. Ni la amnistía es un cisne negro del que no se tuvieran noticias ni la corrupción (divino tesoro) y el «koldogate» eran algo que no se vieran venir y que los medios de comunicación no hubieran dejado de anunciar hasta el hartazgo. Nuestros dirigentes se olvidaron de que el camino del liderazgo –y para su ejercicio los elegimos– tiene que ver más con el ejemplo y la acción que con la palabra, sobre todo si las declaraciones públicas son falsedades y mentiras para derivar las culpas a otros y olvidarse de las propias responsabilidades. Y, a pesar de la creciente desconfianza ciudadana en sus mandamases, también hay que recordar la perentoria necesidad de practicar la responsabilidad individual, algo que –hasta donde conozco– todavía no se ha hecho presente. Ese ejercicio de responsabilidad individual, como es la crítica sin crispación y la denuncia constructiva, contribuye necesariamente a la limitación racional y moral del poder y de las ambiciones, que es siempre una cuestión clave. Es el famoso equilibrio de poderes de la democracia. Un dirigente, un líder que quiera serlo realmente, tiene que convertirse en autoridad, es decir, en hombre o mujer con valores, ambiciones autolimitadas y respeto a la Razón y a la Verdad. Eso no ha ocurrido ni está ocurriendo.

Liderar es educar, lo he repetido mil veces, seguramente más. La educación –conocimiento más reflexión– es el mejor bálsamo contra casi todos los males. Todos nos debemos a la búsqueda de la Verdad y de la moralidad que va unida a la Verdad, los grandes fundamentos, junto a la crítica, del progreso de Occidente. Y sin libertad de pensamiento, como nos advierte Emilio Lledó, la libertad de expresión se degrada porque solo sirve para decir tonterías.

Todavía tengo esperanza porque, como nos enseñó Borges, «el futuro no es lo que pasará; el futuro es aquello que haremos» y, como cada día sale el sol, me despierto agarrándome a la vida con las palabras del escritor Salvador Compán: «Amanecer. Largo vuelo de la luz: todo es horizonte».

10 de marzo 2024

DUELO A GARROTAZOS

Dicen los papeles que Paolo Gentiloni, comisario europeo de Economía, ha manifestado en estos días que «España está en mejor forma que el resto de la Unión Europea». Moody's, la famosa agencia de calificación, ha subido el *rating* de España a positivo y, al parecer, todos los que saben de esto han escrito que en 2024 este país crecerá más que el resto de los países vecinos, en torno a dos puntos porcentuales del PIB. Y, además, todas estas noticias, en apariencia tan positivas, lo son en un año con presupuestos prorrogados y elecciones sin fin; todos los meses una consulta de aquí al verano. Con la que está cayendo leer todas estas cosas me disturba, me preocupa (Europa también) y a la par me reafirma en esa creencia que tantas veces he repetido desde que Borges la escribiera en el prólogo de un excelente cuento, *El informe de Brodi*: «Creo que con el tiempo mereceremos que no haya gobiernos», decía don Jorge Luis. Seguramente con mucha razón.

Creo que nuestros políticos (salvo excepciones en la cosa pública en pueblos y ciudades), además de la vergüenza y la educación, han perdido el sentido común, el nunca bien apreciado sentido de la realidad. Olvidan, como decía Burke, que todos los argumentos políticos deben empezar, desde el respeto, con una valoración de nuestra relación no solo con los sueños de un futuro mejor, sino con los logros del pasado: los nuestros y los de los que nos precedieron. La sociedad, escribió, «es una comunidad no solo de vivos, sino también de los que forman parte de ella, los muertos y los que todavía no han nacido».

Antonio Muñoz Molina publicó en *El País*, el sábado 16 de marzo, un excelente artículo titulado «La cara de vergüenza», y escribe: «Empecé a ver con mi mejor voluntad la "sesión de control" y al cabo de un rato no pude seguir resistiendo el espectáculo...». Tras criticar el sarcasmo desabrido del presidente del Gobierno, y la frivolidad con que el Partido Socialista y toda la izquierda se enfangan en el sumidero pútrido de lo que antes se llamaba *Twitter*, el escritor y académico dice espantarse, como ciudadano, de que el otro partido en el que debería sustentarse la estabilidad de la democracia española haya elegido tan resueltamente propagar mentiras comprobables y sabotear la credibilidad de las instituciones por la pura impaciencia de derribar cuantos antes al Gobierno. Y finaliza la excelente reflexión diciendo: «Estaría bien que al entrar en el hemiciclo alguien les confiscara a todos ellos sus arsenales de palabras. Y que en algún momento se les cayera la cara de vergüenza».

Todos los medios serios, y las personas que creemos en los valores ciudadanos, criticamos cada día y hasta el extremo el bochornoso espectáculo que nuestros representantes políticos ofrecen en los plenos de las Cámaras, en las reuniones de las comisiones o en las reuniones de los Parlamentos regionales, en las manifestaciones públicas de los portavoces que son los autorizados en nombre de los grupos políticos para hablar, no para rebuznar, insultar, injuriar, calumniar, que son las monedas comunes y corrientes que se utilizan en nuestros foros políticos.

Pienso en Goya y en su magnífico óleo, *Duelo a garrotazos*, que puede contemplarse en El Prado y que, a mi juicio, es una sin par alegoría de lo que está ocurriendo hoy en España. Dicen los que saben que en el cuadro de Goya hay cuatro protagonistas dispuestos en la hermosa armonía del lienzo: los villanos, desplazados a la izquierda, están zurrándose armados de garrotes; a la derecha, el monte; y en el centro el atardecer y el cielo nuboso que nos transmiten a la perfección el ambiente brutal y agobiante de la escena. Los que se pelean están ahí, en mitad del campo, arropados por un cielo nuboso y un sol que se esconde anticipándose a la tragedia de la escena. Goya lo pintó hace más de doscientos años, pero cualquier espectador que se lo proponga puede ver en los villanos de este hermoso lienzo las caras de todos los Sánchez y Feijoo del 2024. No hay felicidad en sus rostros, porque, como nos enseñó Séneca, solo «se puede llamar feliz a quien gracias a la razón, no tema ni desea». Y, además, tiene vergüenza.

18 de marzo de 2024

PALETO A ESTRIBOR

No hace mucho, y lo comenté en estas páginas, me referí a un estudio –Remitly, una consultora financiera era la culpable– que recogía los trabajos más deseados, o más populares, en cada país del mundo: mientras los alemanes sueñan con ser profesores, los franceses aspiran a ser abogados y en Italia se busca más ser emprendedor. En España la profesión más buscada es la misma con la que se identifican en la mayoría de los países latinoamericanos: *influencers*. Casi nada al aparato…

Claro que los *influencers* que en el mundo son y así se consideran, a mi juicio, se agrupan en diferentes categorías : los que se ganan la vida con esta actividad, en el fondo puros mercenarios pagados por las marcas cuyos productos y/o servicios publicitan; los que sin cualificación alguna (salvo su escasa y efímera fama/notoriedad) pretenden, anunciando las cosas más peregrinas, ingresar euros y en ello se afanan, y peor para ellos; los tontos del haba, pobrecitos *influencers* aficionados a los que no hay por donde cogerlos; y, aunque pueden existir otras, la categoría de los que desde *Facebook* o cualquier otra red fecal se dedican a publicar, legítimamente, las fotos que consideran oportuno adobar con sus propios comentarios y no aguantan nunca las criticas; los que creyéndose poetas, nos atiborran con los versos que escriben sin descanso como si no hubiera un mañana; y aquellos que vierten su opinión sobre un sucedido, un evento o sobre la importancia o belleza de cualesquiera acontecimiento de su pueblo/ciudad/región/país que, naturalmente y como no podría ser de otra forma, casi siempre es lo mejor del mundo, y que nadie les diga lo contrario. Esta última categoría

es peligrosa porque sus integrantes se ufanan en proclamarse autodidactos, y a mucha honra. Se olvidan de aquello que nos enseñó
Antonio Machado en su *Juan de Mairena*, un texto imprescindible
cuando de educación hablamos: «Se dice que vivimos en un país de
autodidactos. Autodidacto se llama al que aprende algo sin maestro.
Sin maestro, por revelación interior o por reflexión autoinspectiva,
pudimos aprender muchas cosas, de las cuales cada día vamos sabiendo menos. En cambio, hemos aprendido mal muchas otras que
los maestros nos hubieran enseñado bien. Desconfiad de los autodidactos, sobre todo cuando se jactan de serlo». Y como de desconfiar
se trata, es obligado también –sigo con Machado– apartarse de los
«paletos perfectos», como los llamaba don Antonio, los que nunca
se asombran de nada; ni aun de su propia estupidez. Da igual que
los paletos (los políticos también) estén a estribor, a babor, en la
proa o atrás, en la popa.

Como la Semana Santa ya ha pasado y no quiero que me cru-
cifiquen a destiempo, sabedor de que algún día me pondrán a caer
de un burro, he decidido, por ahora, no darme de baja en las redes
fecales, pero si no hacer comentario alguno más allá de publicar los
artículos de opinión que escribo para algunos medios, agradecer su
lectura y aguantar con talante las críticas; y no me privaré de lanzar
mi diaria jaculatoria, –«buenos y prudentes días»– con la que renaz-
co cada mañana, sabedor de que nadie es más que nadie y servidor
menos que nadie.

Feliz Pascua de Resurrección.

31 de marzo de 2024

LAS COSAS DE COMER

Soledad Gallego-Díaz, que fuera directora de *El País*, publica en ese medio (domingo, 7 de abril de 2024) un interesante artículo y nos alerta sobre la pobreza del debate político que nos interesa mayoritariamente a los españoles, ocupados como estamos –casi en exclusiva– en hablar de la Ley de Amnistía dentro de un espacio político cada día más reducido, «sustituido por un ruido formidable sobre la moral, como si en las elecciones no se fuera a decidir cuál es el programa político más valorado, sino a señalar quién es el político que actúa más ajustado a los preceptos de la moral. Y ya decía Karl Popper que está muy bien moralizar la vida pública, pero no hacer política con la moral».

Sometidos como estamos a una extrema polarización política cómo nunca hemos padecido, adobamos la cuestión con las cosas de Ayuso, con las de Begoña y hasta con la boda del alcalde madrileño Almeida que, por fin, se ha casado y hasta ha publicado un vídeo en el que baila con su ya mujer un chotis *free style* que será referencia futura de cómo hacer el ridículo sin darle mayor importancia y riéndose de sí mismo.

Es, además, tiempo de elecciones y, por tanto, de campañas electorales, autonómicas, europeas y, ¡madre mía!, comicios en noviembre para elegir al presidente de Estados Unidos con la sombra omnipresente de Trump. Nos quedan por delante muchos mítines, muchos eslóganes electorales, demasiadas promesas que nunca se cumplirán y no pocas mentiras. Machado dejó escrito que «se miente más de la cuenta por falta de fantasía. La verdad también se inventa». Y, probablemente, es así. Vamos a oír en los próximos meses no sé cuántas (y cuentos) afirmaciones de nuestros políticos que no son ciertas y que nunca lo fueron ni lo serán. Los jefes de campaña de todos los partidos políticos buscaran eslóganes que seduzcan porque, como ha escrito el filósofo Byung-Chul Han, la información se está convirtiendo en una nueva forma de ser, e incluso en una nueva forma de dominio, «en connivencia con el neoliberalismo, se está implantando un régimen de la información que no actúa reprimiendo, sino seduciendo». Pero no deberíamos olvidar que un dirigente, un líder que quiera serlo realmente, tiene que convertirse en autoridad, es decir en hombre o mujer con valores, ambiciones autolimitadas y respeto a la Razón y la Verdad. Sin mentiras. Y no está siendo así.

Lo he escrito muchas veces, pero no está mal repetirlo: La imagen o el adorno está desplazando al argumento y la Apariencia a la Verdad, como ya pasó con los sofistas en Grecia. Los sofistas «modernos», mucho más descarados y menos cultos que los antiguos, luchan por ser los primeros, los más listos y aparecer en los papeles como protagonistas indiscutibles. Pero un líder, un dirigente o una autoridad debe esforzarse por cumplir la fórmula de Kant, los tres principios del progreso: cultivarse, civilizarse y moralizarse. Eso es la crítica de Kant subrayada por Ortega: «hay que ponerse en cuestión todos los días», es decir, hay que poner en cuestión todas las cosas ante el máximo tribunal inventado por los hombres: el Tribunal de la Razón, la mayor revolución moderna. Cuando hace ochenta años Orwell escribía que decir la verdad es un acto revolucionario, probablemente estaba pensando –visionariamente– en lo que ahora nos está pasando, que la propaganda se está apoderando gravemente de la realidad y de la verdad. Hemos construido una sociedad rabiosamente narcisista y embustera en la que, olvidando valores como esfuerzo, trabajo y decencia, los protagonistas son la fama efímera y superficial y la tolerada irreverencia, o un culto al dinero visiblemente obsceno para la inmensa mayoría. No hablamos de las cosas de comer (la economía, la salud, la educación, los derechos de los ciudadanos, lo que nos debemos unos a otros) y hemos dejado en el camino lo que Orwell llamó «common decency», la decencia común, la infraestructura moral básica que nos hace, que nos haría, personas de excelencia.

7 de abril de 2024

¡NENE, NO TE DIGO NA!

Un paisano mío, que también vivía en Madrid, hace muchos años me pidió un favor: me rogó que, como abogado, asistiera a una Junta de Propietarios de su casa para aconsejarles y darles mi opinión jurídica sobre algunos asuntos que como comunidad les preocupaban. Acepté, naturalmente, y acudí a esa Junta que se celebró en el portal de la vivienda, de pie y haciendo corro, como si fuera lo más natural del mundo; al tiempo, saludándose todos entre sí, entraban vecinos con las compras del supermercado y otros salían de la casa para hacer sus recados mientras en la Junta se discutía sobre una cuota extraordinaria o los ruidos nocturnos que protagonizaban algunos vecinos. Como la reunión se celebró al caer la tarde, algunos de los propietarios acudieron en zapatillas con sus atuendos de andar por casa y algunos en pijama, eso sí, con batín. La escena era berlanguiana, y la cosa no salió mal.

Cuando terminó la sesión, mi amigo ubetense me invitó a subir a su piso; me ofreció, agradecido, un vaso de agua y, cuando me iba, me percaté de que en la puerta de la calle (de forma tal que todo el que salía pudiera leerlo) había un cartel pegado con grandes letras. Decía: «Al salir, repasa que las luces están apagadas y los grifos cerrados. Y cierra bien la puerta. ¡Nene, no te digo na!». Era, a modo de pasquín, el aviso en el que mi paisano le recordaba cada día a su hijo cuestiones de seguridad doméstica con el añadido de una extraordinaria y feliz advertencia que servía para todo: «¡Nene, no te digo na!».

En tiempos de perenne campaña electoral, y tal como están los tiempos, la ciudadanía tiene que reinventarse y pedirle a los políticos que se retraten, que cumplan lo que prometen, que se atengan a las consecuencias si no lo hacen, que no nos mientan, que trabajen y dignifiquen su función, que se hagan respetar y no nos traten como a niños de pecho, que nos cuenten lo que pasa, que ya somos adultos; que propongan soluciones, consulten y dialoguen siguiendo la 'doctrina' de Antonio Machado: «para dialogar, preguntad primero; después, escuchad». Si de verdad queremos contribuir al cambio y ser protagonistas, los sufridos ciudadanos no podemos resignarnos y pasar; tampoco nosotros podemos abdicar de nuestros deberes. Por eso, propongo que nazca el movimiento «No te digo na» que nos sirva para recordar a los que son dirigentes o aspiran a serlo sus obligaciones y para que sufran las consecuencias si no lo hacen. Y, aunque lo he repetido alguna vez, para ir clarificando las cosas les regalo un consejo: son palabras de Quinto Tulio Cicerón que, en el año 64 a.C., escribió una breve y actualísima obra para ayudar a que su hermano, el gran Marco Tulio Cicerón, ganase las elecciones al consulado de Roma, como así ocurrió: «...que lo que te comprometas a hacer, se vea que lo vas a hacer con determinación». Y este otro consejo, mucho más difícil a las circunstancias que a tu modo de ser: «...que te niegues amablemente a lo que no puedas comprometerte o, sencillamente, que no te niegues. Lo primero es lo que haría un hombre honesto; lo otro, un buen candidato».

Cuando leo la Constitución española de 1812, la famosa «Pepa», recuerdo que los constituyentes redactaron un artículo, el 13, donde se recogían las obligaciones del Gobierno y, como en otras muchas cartas magnas de la época, se decía que el objeto del Gobierno es la felicidad de la Nación, puesto que el fin de toda sociedad política, «...no es otro que el bien estar de los individuos que la componen»». El bienestar es la satisfacción de las necesidades humanas, he dicho en numerosas ocasiones, pero ahora quiero añadir a mi definición las palabras de la boliviana Adriana Guzmán, escritora, activista y aymara, que después de participar en un congreso en España, a preguntas de una periodista sobre que es vivir bien, dijo: «Vivir con dignidad».

11 de abril de 2024

FILOSOFÍA
E IGNORANCIA

Lo escribió mi admirado Raplh Waldo Emerson. De Platón, dijo el
norteamericano en 1876, «procede todo cuanto todavía se escribe y
debate entre los hombres de pensamiento». Nadie duda de la suma
importancia, del genio sin par del filósofo griego y de la profundidad y universalidad de su pensamiento que nos sigue iluminando
por los siglos de los siglos. Seguramente, todo hay que decirlo, porque como Newton nos enseñó, «si he llegado a ver más lejos que
otros es porque iba subido a hombros de gigantes». También Platón, claro, que al decir de los que saben, fue quien inició la investigación filosófica y afinó nuestro modo de pensar y de preguntarnos
por las cosas que ocurren en este nuestro mundo. Como dije en
alguna oportunidad, hace casi treinta años decidí poner un filósofo
(en el fondo, a la filosofía) en mi vida para seguir haciéndome preguntas y buscar respuestas, para crecer espiritualmente y alimentar
mi mente y la fuerza de mi propia razón, y no la razón de la fuerza,
como suelen hacer políticos y mandamases, unos más que otros,
es verdad; pero es notorio que casi todos los que nos gobiernan
(también en empresas e instituciones) en general escuchan nada y
se hacen pocas preguntas.

En la última semana he anotado algunos temas a los que habría
que dar respuesta urgente y solución inmediata que nunca llega.
Por ejemplo, y recordando que la Salud es uno de los pilares del
estado de bienestar –no otra cosa que la satisfacción de las necesidades humanas– y del Bien Común, ¿cómo podemos tolerar que las
listas de espera de la sanidad pública en España para las operaciones
no urgentes alcancen los 128 días, es decir, cuatro meses?; y eso

sin hablar de otras pruebas diagnósticas que acumulan inexplicables, importantísimos e insufribles retrasos: ¿en qué están pensando nuestros incompetentes políticos y las consejerías de salud de las comunidades autónomas? ¿Como se justifican las reiteradamente incumplidas promesas electorales de acabar con las listas de espera y de subir los sueldos a los sanitarios? ¿Merecen los beneficiarios de la sanidad pública este maltrato o estamos en trance de un desmantelamiento progresivo de la sanidad pública hacia la privada para que solo se beneficien, como siempre, unos cuantos...?

Ítem más, y considerando su notable y desconocida importancia institucional ¿cómo es posible que el Consejo General del Poder Judicial, con no sé cuántas renuncias de sus miembros, siga sin renovarse después de cinco años de retraso? ¿Como no dimiten ya mismo todos los vocales que, en precario, aguantan sus sillones hasta nueva orden? ¿Como no son capaces los partidos mayoritarios (y especialmente el PP), después de un lustro, de llegar a un acuerdo para cumplir un mandato constitucional sin que se les caiga la cara de vergüenza? ¿Como se puede demandar de los ciudadanos una actuación conforme a ley cuando sus garantes son incapaces de brindarnos ejemplaridad y adecuación a las normas? Me parece que la ciudadanía no es consciente de la trascendencia de esta cuestión que solo parece una disputa partidaria sin la menos importancia. Estamos hablando del Órgano de Gobierno del Poder Judicial y de su no renovación lo que conlleva un notorio e inexplicable abuso hacia los administrados por parte de sus representantes políticos que utilizan esta anomalía democrática para su particular lucha partidaria en la que, al parecer, solo importa nadie sabe qué; o lo saben pero no lo dicen, aunque todos son conscientes de que esto de la renovación del Consejo del Poder Judicial es algo intolerable y alguien debería pagar las nefastas consecuencias que el retraso acarrea.

Uno recuerda lo que pasó en el siglo XIII. *Cum-clavis*, bajo llave, es el origen latino de la palabra cónclave, la reunión que, vacante la Sede, celebran los cardenales de la Iglesia Católica para elegir a un nuevo Papa. El enclaustramiento fue la consecuencia de las situaciones de bloqueo y demoras que algunas veces se daban a la hora de elegir al nuevo Pontífice, y es paradigmático y famoso el caso de la italiana ciudad de Viterbo: después de casi tres años sin acuerdo, los ciudadanos decidieron quitar el techo del *Palazzo dei Papi* y no suministrar más que pan y agua a los cardenales allí reunidos y, ¡milagro, milagro!, estos eligieron rápidamente a Gregorio X.

Digo yo, cuando los necesarios acuerdos no llegan porque a los políticos no les da la gana o porque solo piensan en réditos electorales en perjuicio del bienestar común, cuando estamos desesperados después de tanta tomadura de pelo, ¿no sería posible hacer lo mismo que en Viterbo con los que a todos nos representan y a todos nos hacen padecer? El gran Roto, en una viñeta que simboliza un parlamento cualquiera, nos consuela: «El saber es poder, decían, pero gobernaba la ignorancia».

19 de abril de 2024

CIUDADANOS
DEL MUNDO

Estoy de acuerdo con mi admirado Nuccio Ordine cuando, recordando a Francis Bacon, el llorado profesor italiano escribe que ser ciudadano del mundo significa tener la capacidad de superar el limitado perímetro de los propios intereses egoístas para abrazar lo universal. Sin duda alguna, sentirse parte de una inmensa comunidad constituida por los semejantes es ser ciudadano del mundo porque ocuparse de los demás es siempre una oportunidad para hacernos mejores. No siempre fue así, y no me parece que estemos trabajando para conseguirlo. Wilhelm von Humboldt, filólogo y político alemán, hermano del famoso Alexander von Humboldt naturalista (el padre de la ecología, dicen), escribió en *Los límites de la acción del Estado*, un revelador texto, que el «verdadero fin del hombre es la más elevada y proporcionada formación posible de sus fuerzas como un todo. Y para esta formación, la condición primordial e inexcusable es la libertad».

Hemos llegado a un punto en el que las palabras no se transforman en hechos y compromisos sino en pura retórica, y en nombre de la libertad (¿?) de opinión y de prensa se olvida que la primera obligación del periodismo es contar la verdad contrastada. Justificamos sin rubor cualquier acción y también cualquier desmán: desde anunciar cinco días de reflexión para irse o quedarse en la presidencia del Gobierno, a negar –sin razón suficiente alguna– la renovación del CGPJ; desde la negativa a condenar la masacre israelita en Gaza (treinta y cinco mil muertos nos invocan), por no se sabe qué oscuros intereses, cuando ya se ha condenado como terroristas y asesinos a los integrantes de Hamás que, el 7 de octubre, perpetraron el ataque a Israel con el resultado de una carnicería de mil doscientos muertos y la captura de cientos de rehenes; en un mundo tan hermoso contemplamos impasibles y cansados que Putin y sus sátrapas paniaguados sigan matando ucranianos y destrozando con misiles y bombas las ciudades de un país que quiere ser libre. Nadie puede vivir eternamente en guerra, ni unos ni otros. Como escribió Stefan Zweig, amparándose en la llamada libertad, «¡qué pocas personas en la política, en la ciencia, en el arte, en la filosofía, ¡qué pocas, incluso entre los más valientes, tienen el coraje de admitir claramente que sus opiniones de ayer era un error y un disparate!».

Muchos dirigentes, políticos o empresariales, se han dejado atrapar por las vanidades del puesto o del poder. Y han malgastado su autoridad y la función de perfeccionamiento que deben tener. Mucha gente, la sagrada Opinión Publica, está harta de esas imposturas y quiere empresas e instituciones que cumplan la función social y racional para la que fueron creadas, y que no se conviertan sólo en fuentes de enriquecimiento de dirigentes con pocos escrúpulos y ambición no medida. La democracia exige dirigentes políticos, gobiernos, empresarios e instituciones que sean transparentes y acepten rendir cuentas como una obligación y nunca como una humillación; que no engañen y no nos manipulen, que procuren la solución de los problemas que preocupan a los ciudadanos y respeten los bienes que son de todos, aunque el cuidado y la gestión estén solo en sus manos. Autoridad significa, en muchos aspectos, austeridad en las pulsiones: las viejas virtudes de la sobriedad, solidez, sencillez, ausencia de adornos y trabajo sin alardes «estilo olivar» (dando frutos sin hacer ostentación de flores), huyendo de falsas promesas y mentiras, y liquidando estructuras y organismos innecesarios e inoperantes, sin necesidad de días de reflexión, informando sin excusa a los ciudadanos para, sin solución de continuidad y olvidada la retórica, pasar de las palabras a la acción para hacer cosas útiles y trabajar por el bien común, es decir, por la satisfacción de las necesidades humanas.

Los políticos, y los que no lo son, pueden quitarnos la dignidad, no solo utilizándonos, tutelándonos o menospreciándonos. Dice el suizo Peter Bieri que también se puede poner en peligro nuestra dignidad manipulándonos. La manipulación es una manera especial de actuar sobre alguien, que en esta época irreverente y egoísta se ha visto reforzada por eso que llamamos información, que ha dejado de ser un bien escaso para convertirse, con el apoyo de Internet y de las redes sociales, en la materia prima del siglo XXI, hasta el punto de que las organizaciones (y no sé si las personas) son cada vez menos su propia marca y cada vez más su apariencia, sus relaciones y, en ocasiones, sus mentiras. En los discursos, sin excepciones, y aunque sea peligrosa debe usarse la verdad y ajustarla a la realidad. La catedrática de filosofía Adela Cortina ha dicho que la dignidad es el núcleo de la ética que tendría que ir construyendo una ciudadanía cosmopolita.

1 de mayo de 2024

PLATÓN Y EL AHORA

La leyenda contaba que el filósofo griego Platón era hijo de Apolo, el dios de la revelación, de la claridad intelectual y de las profecías. Se decía que las abejas, agentes de las servidoras de Apolo, las Musas, se posaron sobre los labios de Apolo y le llenaron la boca de miel, como señal de su futura elocuencia y erudición. Al padre «humano» de Platón, (lo escribe Robin Waterfield, *Platón de Atenas*) se le advirtió de que no tuviera relaciones sexuales con su esposa durante diez meses lunares, para no mancillar la pureza del origen divino de Platón. Se contaba que, la noche antes de conocer a Platón, Sócrates soñó que acunaba a un polluelo de cisne –el ave de Apolo– en su regazo, al que le crecieron las alas y se fue volando, con un canto tan dulce que complacía tanto a dioses como a hombres, y al día siguiente, al conocer a Platón, lo reconoció como el cisne de su sueño…

Muchos dicen que fue Platón el que inició la investigación filosófica, y probablemente sea cierto, tanto como que fueron Sócrates y el propio Platón quienes consideraban que la filosofía consistía, precisamente, en argumentar, no en atrapar la retórica como principio y fin de todas las cosas para lanzar ideas que nunca podrían probarse. El retórico sin argumentos (y no me refiero sólo a los políticos), persuade a los demás con su verbo fácil en lugar de decirles la verdad; también algunos medios de comunicación se empeñan en retorcer la realidad, y de los *influencers*/opinadores ni hablamos, sometidos como están a consignas de los que pagan. Deberíamos ser capaces de ir al fondo de la cuestión, analizar los porqués, asumir nuestra cuota parte de responsabilidad cuando fuere preciso, ponernos en cuestión todos los días y, cuando ya hayamos gruñido y llorado suficientemente, «ir a las cosas», como Ortega recomendaba; es decir, buscar soluciones a los problemas y trabajar, y hacerlo de consuno, hombro con hombro, porque el futuro siempre está por construir y también por escribir. Decía Borges que el futuro no es lo que va a pasar sino lo que vamos a hacer. Y también lo que no haremos.

Por ejemplo, dicen que un organismo es más vulnerable a medida que se hace más complejo. Esta regla de la biología es, probablemente, aplicable a la sociedad contemporánea y también a la empresa, cuya fragilidad va pareja y a la misma velocidad que su desarrollo. Cuando aparece el concepto de «capital impaciente», estamos en el primer peldaño de la crisis. Ahora se necesitan valores bursátiles en permanente alza. Richard Sennet decía que esa circunstancia «redituaba más y más abundantemente que el mantener los valores accionarios durante un tiempo prolongado». Nos pudo hace algún tiempo, y nos puede ahora, el cortoplacismo y el beneficio inmediato y sin límite, y nos olvidamos de todo lo demás. La pasta importa cada día más, como si fuera el principio y el fin de todas las cosas y no un mero instrumento.

Si quieren ser competitivas y seguir en el mercado, la política y la empresa –y sus dirigentes– deberían estar atentas a los cambios sociales y a las preocupaciones de la ciudadanía. La empresa del siglo XXI debería entenderse y desarrollarse como una institución que, además de ganar dinero, crear empleo y ser competitiva y eficiente (que son sus obligaciones principales), debe cumplir un servicio público con el adobo de una función y un compromiso social ineludible y creciente. Con o sin crisis. Y, ahora más que nunca, los directivos deben merecer su salario. Y no deben olvidar que la mayoría, la inmensa mayoría sobrevive con mucho menos de lo que ellos ganan, realizando en ocasiones tareas tediosas y nada fáciles. Se impone una conducta ejemplar de los dirigentes, sean políticos o empresariales. Los que mandan no reciben al ser nombrados para un cargo un plus de ciencia infusa. Deben esforzarse cada día en gestionar el error, que no otra cosa es dirigir, y en aprender, también cada día, porque el hábito no hace al monje. Ser Jefe no es una cuestión sólo de mérito sino, sobre todo, de formación y capacidad, y de aportar sosiego a las organizaciones, diciendo la verdad y despejando incertidumbres. No deberíamos olvidar, ni echar en saco roto, aquella sentencia de san Agustín: conócete, acéptate, supérate. Cumplido lo anterior, con diálogo (preguntar y escuchar, decía Machado), transparencia y verdad las soluciones están más cerca.

9 de mayo de 2024

CREER EN EL FUTURO

Probablemente, y sin probablemente, soy un optimista y, como nací y crecí como tal, creo en el futuro, y estoy seguro de haber trabajado toda mi vida por un porvenir mejor para todos, diciendo y haciendo, aún con no pocas contradicciones y algunas equivocaciones. Pero también creo, sinceramente, que las personas de mi generación hemos fracasado y no hemos sido capaces de construir un mundo mejor que el que en su día recibimos de nuestros mayores. Por eso, cada vez que tengo la oportunidad de hablar públicamente a los jóvenes, generalmente universitarios, les pido perdón por nuestra torpeza, por nuestra indolencia, por no saber hacer las cosas, por no haber cumplido el compromiso moral que invoca el art. 1 de la Declaración Universal de los Derechos Humanos: «Todos los seres humanos nacen libres e iguales en dignidad y derechos y, dotados como están de razón y conciencia, deben comprometerse fraternalmente los unos con los otros».

Y uno, la verdad, no sabe qué hacer y, en ocasiones, decir. El maestro Ángel González escribió un hermoso poema (*Nada grave*, 2008) que refleja el actual estado de ánimo de muchos de los que creímos que sería posible: «Por raro que parezca / me hice ilusiones / no sé con qué, pero las hice a mi medida / debió haber sido con materiales muy poco consistentes».

Sigue soplando la intolerancia, los insultos y el jugar a buenos y malos. No conocemos otra diversión. Los buenos, claro está, siempre son los de mi cuerda, o los que están conformes con lo que yo digo, sea lo que sea. Y, si no es así, me cabreo y me enfado, olvidando –como recoge el adagio latino– que «*res severa verum gaudium*»; es decir, en las cosas serias, en las cuestiones importantes está la auténtica alegría.

Son tiempos de perennes elecciones, que es lo que saben hacer los políticos cuando no saben hacer otra cosa y tratan de justificar no se sabe qué. En estos días, un amigo que colecciona frases que han dicho los políticos, me remite la de un importante personaje que, tras hacer una afirmación discutible, concluyó: «Los que no piensan así, o están simplemente equivocados o son derrotistas sin escrúpulos». Tal cual. Me aseguré de que había leído bien las palabras del antiguo alto dignatario y recordé que la historia siempre se repite porque desde hace siglos pareciera que en España nos esforzamos en vivir de la mano de un maniqueísmo intransigente y ramplón, adobado con insultos y acusaciones vergonzantes. Nos gusta el dogmatismo. Todos gozamos siendo inflexibles y manteniendo nuestras opiniones como verdades inconcusas. Manuel Azaña lo dejó escrito, hace casi un siglo, en su *Velada de Benicarló* con una profunda reflexión que sigue teniendo actualidad y vigencia: «A muchos españoles no les basta con profesar y creer lo que quieren: se ofenden, se escandalizan, se sublevan si la misma libertad se otorga a quienes piensan de otra manera. Para ellos, la nación consiste en los que profesan su misma ortodoxia...».

Lo grave es que hoy los dirigentes, políticos o no, buscando el liderazgo mundial, siguen persiguiendo una estúpida e inútil hegemonía (la supremacía de cualquier tipo) y olvidan las amenazas globales que, nuevas o antiguas, campan a sus anchas y a las que no sabemos poner remedio: crisis climática, informática, terrorismo, desigualdad, corrupción, guerras, drogas, las consecuencias de una todavía desconocida IA... Nos hacen falta inyecciones de comportamiento ético y de solidaridad, de compromiso con el mundo, vivamos donde vivamos; nuestros dirigentes deberían ser capaces de denunciar los riesgos que pesan sobre nosotros, promover una toma de conciencia global y buscar soluciones. El comportamiento ético es sinónimo de cumplir las promesas que se realizan a terceros. Y, cuando ese comportamiento honesto se repite, nace la reputación, la base y los pilares sobre los que se construyen expectativas de futuro. Preservar la reputación, cuando se tiene, supone un fuerte incentivo para evitar conductas deshonestas y engaños. La definición más hermosa de esperanza es la que nos enseñó Gabriel Marcel: Dar crédito a la realidad. Eso significa creer en la realidad, de modo que la realidad sea portadora de futuro. La esperanza nos convierte siempre en creyentes en el futuro.

19 de mayo de 2024

FIN DE CURSO

El ubetense Antonio Muñoz Molina tiene escrito que la memoria de los primeros años de nuestra existencia no nos corresponde a nosotros sino a quienes nos dieron la vida, nos educaron y nos vieron crecer. La reflexión es certera porque padres y madres, abuelos, hermanos, tíos y primos, maestros, vecinos y amigos son los arquitectos que, pasado el tiempo, con sus recuerdos nos ayudan a construir ese periodo de nuestra vida que alcanza hasta lo que antes se llamaba tener «uso de razón», es decir, y según los casos, una etapa que finaliza cuando cumplimos seis, siete u ocho/nueve años. A partir de entonces, y según la educación recibida y/o la que nos hayamos procurado, generalmente la pequeña o gran historia de nuestra existencia se va edificando con la argamasa de nuestras propias decisiones, influidas por consejos inevitables y por diferentes y muchas veces imprevisibles circunstancias, y siempre a partir de las dosis de esfuerzo, buen hacer y decencia que seamos capaces de aplicar a nuestras cotidianas tareas, sean las que fueren. Aunque parezca un tópico, en la vida hay lugar para hacerlo casi todo; y no tenemos poco tiempo, decía Séneca, sino que perdemos mucho...

Cuento esto porque, a propósito de los exámenes de la EvAU/Selectividad, trescientos mil jóvenes españoles, entre nerviosos y esperanzados, se someten en estos días a las estresantes pruebas de acceso a la Universidad, cuya actualidad y circunstancias los medios se encargan, a mi juicio, de darle demasiada importancia y magnificar lo que son y suponen. Una prueba que, vaya usted a saber las razones, se cambiará en 2025 y, en las comunidades autónomas gobernadas por el PP, se anuncian, además, idénticas y homogéneas.

Y a lo mejor hasta con detectores (inventados por un profesor, por cierto) de los diminutos pinganillos electrónicos que algunos alumnos, en detrimento de las famosas y antiguas obras de arte/chuletas, introducen en sus orejas para garantizarse un resultado aseado y feliz que les permita elegir el grado universitario con el que sueñan. Así es la vida. La educación es lo menos material que existe, pero es la fuerza espiritual que hace grandes a los pueblos. Y, aunque la tentación política está siempre presente, no podemos dejar que la educación se convierta en un privilegio sino garantizar la igualdad de los ciudadanos para procurar su necesario progreso y desarrollo. La educación es un bien esencial para que los ciudadanos podamos ser libres en la sociedad que hayamos elegido para vivir, y para que podamos desempeñar nuestro trabajo en democracia, fomentando la sociabilidad, la razón, la cultura y las aficiones lícitas con las que cada uno disfrute.

Mientras tanto, y a la espera de conocer el incierto resultado que, según las encuestas, puedan arrojar las elecciones al Parlamento europeo del 9-J 2024, pareciera que Europa también transita por el final del curso que conocíamos y disfrutábamos desde hace cincuenta años: democracia, valores y pacto social. Nos desespera el pronosticado incremento de la ultraderecha, los renacidos nacionalismos, las políticas de futuras alianzas, el cambiante mundo que nos rodea, el agotamiento de ilusiones básicas, el sátrapa Putin, el genocidio en Gaza, Trump redivivo y convicto, la incertidumbre que nos rodea y el «*sursum corda*», esa especie de poder supremo (económico, claro) que nadie sabe donde habita pero que todos critican y rechazan.

Aquí no se le cae la cara de vergüenza a nadie, absolutamente a nadie, sea o no político. Pero digo yo que alguna responsabilidad debe tener en estos desvaríos los que gobiernan la cosa pública (que cobran, no hay que olvidarlo, por resolver problemas), y los tertulianos que todo lo saben, y los que no hacen más que quejarse sin proponer solución alguna o que merezca la pena; y todos y cada uno de nosotros. Es tiempo de urgente reflexión, de analizar los errores, las inercias y los descuidos que necesitamos corregir. Muchos ciudadanos nos encontramos a la intemperie y a la espera, y demandamos comunicación y soluciones, y menos cartas. Sabemos, como supo Albert Camus, que el dialogo solo es posible entre personas que no dejan de ser lo que son y que dicen la verdad, o la buscan juntos para compartirla porque son conscientes de que nadie es infalible. Y ahí está, en el diálogo y en la voluntad de hacer lo imposible, el principio de todas las respuestas, pero los políticos, que deberían, ni lo saben ni quieren aprenderlo.

5 de junio de 2024

PACO «TITO»

Desde la amistad (el mayor bien que existe después de la virtud, proclamó Cicerón) y una profunda admiración por su obra y su vida ejemplares, Tomás Burgos Salaverry, Jesús Sánchez Poveda y José Antonio Baena (con la colaboración de otras muchas personas, de algunos artistas y la complicidad silente y efectiva de Juan Pablo y Mar, hijo y nuera de Paco) el 2 de junio, domingo, el teatro de Salesianos, en Úbeda, agotó la taquilla para homenajear a Francisco Martínez Villacañas, Paco «TITO», alfarero, ceramista y escultor, un grande entre los más grandes. La recaudación, integra, se entregó a la obra social «Amorevolezza».

Se trataba en el fondo, y en vida, de rendir tributo de admiración y gratitud a Paco «TITO» (ochenta años le contemplan) que asistió vestido con sus mejores galas y dando el bracete a Isabel, su mujer, compañera de vida y alma que ha sabido ahormar, con enorme sentido común, con un gran sentido de la realidad y enorme prudencia al gran «TITO», y no es fácil convivir más de cincuenta años con un artista renombrado. Hay que saber practicar el arte de la diaria vida en común.

En su alfar de la calle Valencia, en Úbeda, desde siempre, Paco –que atesora todos los premios nacionales, regionales y locales que puedan darse– aprendió a conversar en silencio con el barro, y hace algunos años se atrevió a escribir a esa misma tierra roja para hablarle, orgullosamente, de su hijo Juan Pablo, también alfarero y escultor: «...otro TITO, que ya también te acaricia dándote forma de arte y dispuesto a tomar la antorcha para que este noble oficio de enseñar las almas con la arcilla no muera con nosotros». Y así ocurrió con Juan Pablo, premiado como gran artesano andaluz y cabeza de una familia de arte por la Junta de Andalucía, y así sucede con el nieto Tito, que inicia sus pasos –con algunos reconocimientos a pesar de su juventud– por el camino del arte, de la pintura y escultura, de la Alfarería («un arte que no necesita explicación», como dice Juan Pablo, su padre) estudiando en Florencia y Sevilla, y aprendiendo a ser, como su abuelo y su padre –sus maestros– artista y buena gente. Ese es el legado inmaterial de los «TITO», el más importante: la honestidad, la solidaridad, la participación activa en la vida de la Ciudad, el estudio, el trabajo, el compromiso y la humildad que enseña el barro diariamente. El legado material –los platos, las vasijas, los cacharros y las terracotas– son fruto de la técnica y del bien hacer, y de un oficio aprendido durante muchos años hasta conquistar el *areté* griego, la excelencia que se alcanzaba practicando las virtudes que el cristianismo tomó de Platón y convirtió en cardinales: prudencia, justicia, fortaleza y templanza.

Un apunte: las terracotas de Paco y también, ahora, de Juan Pablo, están hechas con una original técnica, probablemente única en el mundo. Cocidas en un horno árabe que cuidan como las niñas de sus ojos, las grandes figuras hechas de barro, incluida la última, una preciosa imagen de María Auxiliadora para Salesianos de Úbeda, están huecas por dentro, gracias a lo que Paco llama la sabia «técnica de las golondrinas» al hacer sus nidos. Profundicen en el asunto. Los famosos y chinos guerreros de Xiam, por ejemplo, son esculturas macizas hasta la cintura y con manos y cabeza que, una vez moldeadas, se pegaban al cuerpo de cada guerrero. Por eso merece la pena ver, y embelesarse, con esas terracotas «obras maestras» que, sin parangón alguno, salen del alfar de Paco y Juan Pablo «TITO», modernos alquimistas del barro.

En el arte, al final, todo se conjuga para que aquello que no es, sea. Para que la obra de arte sea la que fuere, nos provoque y nos haga sentir y creer en algo que está más allá de lo que vemos. Siempre le dije a Paco que su oficio tenía origen divino, y le recordé muchas veces lo que se lee en el libro del Génesis: «Entonces, Yahvé Elohim formó al hombre con el polvo de la tierra, e insuflándole en la nariz el aliento de vida, convirtió al hombre en un alma viva». A Paco debieron soplarle, al menos, dos, tres o cuatro veces. Y eso se transmite.

7 de junio de 2024

INTELIGENCIA ARTIFICIAL Y HUMANISMO

Pregunto a Luzia (mi asistente inteligente en IA, ChatGPT) su opinión sobre el título de este articulo y lo que servidor pueda decir, y me contesta el 7 de junio de 2024:

«Buenos días. La relación entre la inteligencia artificial (IA) y el humanismo es un tema complejo y en constante evolución. Desde una perspectiva humanista, la preocupación principal radica en cómo la IA afecta a la condición humana, el sentido de la individualidad, la ética y la interacción social.

El humanismo aboga por un enfoque centrado en el ser humano, promoviendo valores como la dignidad, la libertad y la responsabilidad. En el contexto de la IA, esto implica considerar cómo el desarrollo y uso de la tecnología pueden preservar y promover estos valores humanos fundamentales.

Por un lado, algunos defensores de la IA sostienen que puede mejorar la calidad de vida humana, liberando a las personas de tareas repetitivas o peligrosas, facilitando avances médicos y optimizando procesos. Sin embargo, desde una perspectiva humanista, también se plantean preocupaciones sobre cómo la IA podría impactar el empleo, las relaciones interpersonales, la privacidad y la autonomía individual. En resumen, la relación entre la IA y el humanismo es compleja y multidimensional, incluyendo consideraciones éticas, sociales y filosóficas sobre el papel de la tecnología en la experiencia humana».

Más allá de las generalidades y opiniones de mi asistente en IA, la incertidumbre que nos persigue a los humanos desde hace tantos siglos y el desconocimiento de lo que pasará cuando la IA esté funcionando a pleno rendimiento, hace tanto daño como los pronósticos apocalípticos sobre los males que nos acarrea una herramienta de la que hoy tenemos más dudas que certezas y cuyo alcance desconocemos. Los que se dicen más sensatos exigen una regulación razonable y un uso ético y responsable de la Inteligencia Artificial, y los más optimistas predicen que la adopción de herramientas de IA traerá en diez años un alza del 8 por ciento del PIB mundial. La ética parece que no importa demasiado, aunque hay voces (servidor también) que se alzan exigiendo comportamientos éticos cuando de IA se trata. Me preocupa que gente tan distinguida como Kilnam Chon, padre de internet en Corea, en una entrevista en *EL PAÍS* (25-26 de mayo de 2024), haya dicho que la IA será más inteligente que nosotros (los humanos) en menos de 30 años. Y afirma que nadie sabe si se podrá garantizar que la IA sea una herramienta para el bien y no para el mal. Lo único claro es, más allá de los buenos propósitos, que las compañías siguen desarrollando este tipo de tecnologías con el fin de ganar fortunas, dice Chon, olvidando la propuesta de moratoria que en 2023 fijó como objetivo detener el desarrollo de algunas herramientas durante seis meses. Mas de un millar de empresarios, investigadores e intelectuales vinculados a esta tecnología firmaron en USA una carta abierta en la que pedían, por favor, una pausa en el desarrollo y las pruebas de sistemas de IA más poderosos que GPT–4. La cosa no funcionó, ni nadie le hizo demasiado caso.

Vivimos tiempos en los que la crisis de la verdad hace que la fe en los propios hechos se tambalee. Las opiniones pueden ser muy dispares, pero son legítimas siempre que respeten la verdad factual, como escribió el filósofo Byung-Chul Han. La libertad de expresión, en cambio, degenera en farsa cuando pierde toda referencia a los hechos y verdades fácticas. Y ese es un peligro de la IA generativa, capaz de "fabricar" cosas que, pareciendo ciertas, nunca se han dicho ni se han hecho.

El fácil acceso a las redes «fecales» y a la propia IA hace creer a los ciudadanos que están bien informados, despreciando y relegando los canales de comunicación tradicionales. La inmediatez que permiten las redes (y la IA) transmite información sin contrastar, sin elaborar y sin asumir responsabilidad alguna. Las redes sociales no son periodismo, y hay que denunciarlo alto y claro, aunque los medios las utilicen también para difundir noticias exclusivas o urgentes; pero siempre verificadas. Lo que debemos rechazar de plano es el mal uso de las redes, que se utilicen para difundir bulos, informaciones falsas o tergiversadas que, en general, responden a intereses espurios o al simple jugueteo que permite a millones de usuarios sentirse informadores o, sin más, insultar.

Frente a las presiones de los poderes fácticos y de los políticos sin escrúpulos , frente a los intentos de frenar investigaciones periodísticas o de las campañas orquestadas a través de las redes sociales buscando el desprestigio, se impone el periodismo con mayúsculas, la información veraz, comprendida, contrastada y, en estos tiempos, contextualizada, rigurosa y ajustada a los códigos deontológicos, refractaria a los bulos y a la posverdad que circulan por las redes sociales y que, está claro, en su mayor parte responden a estrategias premeditadas. La desinformación se ha convertido en uno de los males con los que se enfrenta el periodismo en estos tiempos de convulsión política en los que la polarización amenaza con desestabilizar las instituciones y socavar la democracia. Trump, por ejemplo, no ceja en el empeño.

Los medios deben tener una mirada crítica –como nos enseñó Montaigne– con lo que está pasando a su alrededor, ser incisivos con los gobernantes y disciplinados con la información que se ofrece. Es decir, conocida la información, comprender lo que pasa y por qué pasa, verificarla y saber contarlo. Los medios, el cuarto poder, son los intermediarios entre los hechos y el ciudadano, y deben buscar su complicidad y recuperar su confianza. Solo fortaleciendo la independencia y el control crítico de los poderes con una información fiable que permita forjar la opinión de los ciudadanos se recuperará la confianza.

En esta Nueva Época tan llena de incertidumbres y peligros nos desprendemos de todo lo «duro» y de todo lo «sólido» como, con especial lucidez, nos descubrió Bauman con su idea de la «sociedad líquida». Quizá por eso, atacados por el «síndrome de la impaciencia», confundimos progreso con aceleración, buscamos atajos y, en consecuencia, nos hemos acostumbrado a deformar la realidad para adaptarla –como la cama de Procusto– a «dogmas» previos, equivocados y perversos, como aquellos de los que parten el propio funcionamiento político y muchas organizaciones y empresas, que transubstancian mal y transforman el bien común en ambiciones personales, la fuerza en desánimo, el conocimiento en soberbia, las palabras en nada. La IA puede ayudar a conseguir todo eso, y aún más, pero se olvidan de que son las instituciones las que deben adaptarse a la realidad y a los ciudadanos, y no al revés: sin hombres y mujeres no hay instituciones. Recuerdan y resumen los papeles (*EL PAÍS*, 2 de junio del 2024) lo que se ha dicho en el encuentro «Tech4Good», que la IA es «tecnología para un mundo mejor», y avisa: «la inteligencia artificial es una ciencia con propósito, de impacto y una fuerza impulsora de la innovación que será útil para abordar algunos de los desafíos más apremiantes de nuestra era. Su aplicación debe ser guiada por valores éticos y sociales para garantizar que sus beneficios sean equitativos y sus riesgos mínimos».

Detrás de la gestión (presente y futura) de la IA parece estar y trabajar un exacerbado utilitarismo que pretende impulsar un cambio radical y se olvida de racionalizar la cuestión, que no es fácil. Estamos todavía en mantillas y deberíamos alejarnos de los gurús y todólogos que todo lo saben. La Inteligencia Artificial, que puede sernos muy útil si la sabemos humanizar, hay que trabajarla en la redefinición de usos, formas de pensar y hacer, hábitos y contextos. Es el momento de tratar la IA como una herramienta de gran impacto en la transformación social. Como casi siempre, la solución está en la educación y en la formación: Formar a los docentes es una exigencia, como lo es (y Europa ha tomado la iniciativa) una regulación que sea de necesaria aplicación y que debería marcar los límites, sin perjuicio de que seamos capaces de reformular algunos principios éticos globales que en el siglo XXI nos ayuden a conocer (y regular) el alcance y los límites de la IA… Alguien tan sabia como Adela Cortina nos enseñó en su «Ética mínima» que hay exigencias que son necesarias para todos, que tiene que cumplir todo el mundo, y que no se pueden olvidar sin caer en inhumanidad; por ejemplo, los derechos humanos. Y, respecto de la IA, y más allá de su utilidad, la catedrática nos enseñó hace algún tiempo que no se pueden sustituir la toma de decisiones y la responsabilidad humana por los algoritmos porque la técnica tiene que estar siempre al servicio de las personas. Siempre. El Humanismo es, por encima de cualquier otra convención, la consideración del ser humano como centro de todas las cosas.

Al final, uno recuerda una viñeta (real o inventada) del gran Quino en la que Mafalda (60 años nos contemplan), reflexionando sobre este asunto, se pregunta y se contesta a sí misma: «¿Te preocupas por el avance de la inteligencia artificial?» / «No. Me preocupa más el retroceso de la inteligencia natural».

Y en esas estamos…

7 de junio de 2024

VEINTICINCO AÑOS NOS CONTEMPLAN

Una efeméride –algo más que un aniversario– se puede celebrar de muchas formas. Lo más normal es sacar pecho, hincharse de orgullo (legitimo o no) y presumir, demasiado en algunas ocasiones. Otras veces, a propósito, los aniversarios pasan desapercibidos o no se celebran porque lo mejor es que nadie se entere, sobre todo cuando se alcanza una edad provecta. Pero las efemérides importantes (25, 50 años de vida) de empresas/instituciones deberían recordarse y conmemorarse como acontecimientos notables, no como un aniversario más. Por eso conviene pararse y reflexionar.

De eso se trataba. Multimedia Giennense, que cumple en estos días veinticinco felices años, llenos de trabajo, de esfuerzo y de honestidad, dio carta de naturaleza al adagio latino «*non quo sed quomodo*» que nos avisa de la importancia de la forma de proceder, de cómo se hacen las cosas, de cómo se profundiza en las entrañas de un medio, un grupo de comunicación local y regional que si no existiera desde hace cinco lustros, habría que crearlo. Y ocurrió lo insólito: se nos convocó a los colaboradores para rendirnos homenaje y, de paso, aprender con la palabra, la experiencia y la sabiduría de Soledad Gallego-Diaz, periodista y exdirectora de *EL PAÍS*, de Antón Losada, profesor, periodista y comentarista político, y del magistrado Miguel Pasquau, en un foro que manejó con su inteligente eficacia Manuel Expósito, director de Multimedia. Una hermosa experiencia de dos horas que contó con la asistencia de algunos políticos y empresarios, y especialmente de los protagonistas, los colaboradores de Multimedia con la presencia balsámica y siempre especial de Alejandro Mas, CEO de Multimedia, el *alma mater* de este complejo entramado que ocupa a casi cincuenta personas. Un éxito que rozó la excelencia.

El fácil acceso a las redes «fecales» hace creer a los ciudadanos que están bien informados, despreciando y relegando los canales de comunicación tradicionales. La inmediatez que permiten las redes transmite información sin contrastar, sin elaborar y sin asumir responsabilidad alguna. Las redes sociales no son periodismo, y hay que denunciarlo alto y claro, aunque los medios las utilicen para difundir noticias exclusivas o urgentes; pero siempre verificadas. Lo que debemos rechazar es el mal uso de las redes, que se utilicen para difundir bulos, informaciones falsas o tergiversadas que, en general, responden a intereses espurios o al simple jugueteo que permite a millones de usuarios sentirse informadores o, sin más, insultar.

Frente a las presiones de los poderes fácticos y de los políticos sin escrúpulos , frente a los intentos de frenar investigaciones periodísticas o de las campañas orquestadas a través de las redes sociales buscando el desprestigio, se impone el periodismo con mayúsculas, la información veraz, comprendida, contrastada y, en estos tiempos, contextualizada; rigurosa y ajustada a los códigos deontológicos, refractaria a los bulos y a la posverdad que circulan por las redes sociales y que, está claro, en su mayor parte responden a estrategias premeditadas. La desinformación se ha convertido en uno de los males con los que se enfrenta el periodismo en estos tiempos de convulsión política en los que la polarización amenaza con desestabilizar las instituciones y socavar la democracia. Trump, por ejemplo, no ceja en el empeño, y hay «trumpitos y trumpitas» en España, que no se nos olvide.

Los medios (también los locales/regionales) deben tener una mirada crítica –como nos enseñó Montaigne– con lo que está pasando a su alrededor, ser incisivos con los gobernantes y disciplinados con la información que se ofrece. Es decir, conocida la información, comprender lo que pasa y por qué pasa, verificarla y saber contarlo. Los medios, el cuarto poder, son los intermediarios entre los hechos y el ciudadano, y deben buscar su complicidad y recuperar su confianza. Solo fortaleciendo la independencia y el control crítico de los poderes con una información fiable que permita forjar la opinión de los ciudadanos se recuperará la confianza. A los más jóvenes se lo debemos.

En su último libro, *La tonalidad del pensamiento*, el filósofo coreano/alemán Byung Chul Han, tan de moda, dice: «...la fiesta interrumpe el trabajo». El trabajo desconecta y aísla a las personas. Hoy estamos aquí reunidos para celebrar juntos un aniversario. La fiesta crea comunidad. Estamos juntos, ¿no es cierto? La fiesta reúne y une a las personas". Y eso es lo que, al final, santa palabra la del coreano, hicimos: disfrutar.

20 de junio de 2024

RECAPITULAR EN OTOÑO

El otoño es la época bienaventurada de la recapitulación, escribió Stefan Zweig. Los frutos están cosechados, el trabajo está hecho: el cielo resplandece nítido y claro en el paisaje de la vida y en el horizonte. Así pues, como la edad provecta es como un otoño, recapitulemos; es decir, hagamos un resumen sumario, breve y ordenado de algunas de las cosas sobre las que hemos escrito o hablado más extensamente y, como siempre, pongámonos a la tarea desde la honestidad intelectual, la única forma en que cabe hacerlo.

Con un sugestivo título, *La decadencia de la mentira*, Oscar Wilde publicó en 1898 uno de sus más lúcidos ensayos sobre el valor del arte como elemento transformador de la realidad. Pero no solo el arte atesora hoy ese poder transformador: los gobernantes, la política, algunas instituciones, los seres humanos y la moderna empresa disfrutan también de ese singular don que, en tiempos de cambio como los que vivimos, se hace imprescindible. Por fortuna nací en Úbeda, donde el Renacimiento sorprende a cada paso, donde las plazas son todas plazas y siempre diferentes, donde el arte –pasado, presente y futuro– se transforma en piedras, calles, iglesias y palacios, y donde sus gentes disfrutan de la existencia, sabedoras de que han recibido una hermosa ciudad como herencia inagotable, que es Patrimonio Mundial y de la que deben responder. Parido con ese espíritu renacentista, cuando pienso sobre nuestro futuro común como país, me sumerjo en la esperanza de algo que se parezca al humanismo que floreció en Italia, y más tarde en España, en el siglo XV; sueño con aquellos hombres que, líderes sin pretenderlo, huyendo de dogmatismos, supieron poner a prueba desde la reflexión las ideas que hasta entonces se tenían por verdades irrefutables. Y lo hicieron de forma que sus contemporáneos los entendieran, sin dobleces, con un lenguaje claro, tomando como basamento las enseñanzas de los clásicos y dejando que las universidades cumplieran el papel social –también transformador– que les corresponde y del que nos hemos olvidado. Ahí nació la Edad Moderna.

Si queremos seguir progresando, además de no resignarnos, las personas tienen que jugar siempre un papel central en las instituciones, y esa es la esencia misma del humanismo. Creo en lo que tal afirmación encierra y, precisamente por eso, resulta apasionante desentrañar el rol (y el misterio) de las personas, y sobre todo de sus dirigentes, en la organización llamada empresa. Hace dos mil años, en sus *Historias y Anales*, Cornelio Tácito afirmó que a todo lo desconocido se le tiene por maravilloso, y añadió que «los hombres son siempre más propensos a creer lo que no entienden, y las cosas más oscuras y misteriosas tienen más atractivo a sus ojos que las claras y fáciles de comprender». La reflexión del gran historiador y político latino es, como tantas suyas, certera: por nuestra propia naturaleza, a los seres humanos todo lo insólito, todo lo desconocido, aunque nos atemorice e inquiete en muchas ocasiones, nos merece en tantas otras un crédito extraordinario. El misterio se enclaustra casi siempre tras un velo que nos envuelve y nos desasosiega, que aun ocultando formas y difuminando perfiles nos atrae, seguramente porque en el fondo los humanos somos sabedores de que el arcano está en nosotros mismos. Al fin, lo misterioso esta imbricado hasta el tuétano en la propia esencia del ser humano, y así hemos vivido hombres, mujeres y pueblos enteros desde hace miles de años. En el fondo, dentro de cada uno de nosotros habita un universo de símbolos que traducen el esfuerzo del hombre para descifrar un destino que a veces se le escapa a través de las oscuridades que lo envuelven. Y así fue siempre. La sociedad liquida y posmoderna no nos ha cambiado tanto, y seguimos viviendo cada día, no sin esfuerzo, en un mundo donde, como escribe Bauman, la única certeza que atesoramos es la propia certeza de la incertidumbre.

Nuestra época, como todas las épocas, se retrata y se refleja en las personas que la vivimos y, por tanto, la sufrimos/disfrutamos/

padecemos; la ventaja es que en tiempos difíciles la propia dificultad se convierte en algo natural y cotidiano que, en general, debería fortalecernos. Pensando en el común, y en estos tiempos de austeridad, los primeros en ponerse a la tarea deberían ser los políticos, las administraciones públicas, las instituciones y, naturalmente, las empresas. Austeridad es, sobre todo, sobriedad, sencillez, ausencia de adornos y trabajo sin alardes, «estilo olivar» (dando frutos sin hacer ostentación de flores), huyendo de falsas promesas y de mentiras, y liquidando estructuras y organismos innecesarios e inoperantes. Pero no es así. Por razones que nunca se entienden, aquí todo el mundo quiere aparentar; muchos dirigentes, equivocadamente y no importa cómo, luchan/medran por ser siempre los primeros, los más listos y aparecer en los papeles como protagonistas indiscutibles; corruptos o no, quieren tener su propio y singular chiringuito, copiar lo que sea menester sin recato alguno y aparentar, medrar, aparentar y seguir medrando... Los que presumen de sabios y gurús dicen que es muy importante innovar, algo ciertamente imprescindible, pero sin olvidar que, para progresar, y desde la honestidad intelectual, «hay que ponerse en cuestión todos los días», como escribió Ortega; o esforzarse por cumplir, según la famosa formula de Kant, con los tres principios del progreso: cultivarse, civilizarse y moralizarse.

Y parece que, en esta nueva época poscrisis, algo podría estar cambiando: un informe de Odgers Berndtson nos reveló hace pocos años (2020) las cinco «supermisiones» o tendencias que trescientos CEO's de España y Portugal estimaron que serán imprescindibles para triunfar y sobrevivir: estrategia, motivación, clientes, tecnología y personas. Los tiempos cambian y, al parecer, vuelven valores que parecían definitivamente perdidos, a pesar de la novedad de la IA. Se retoma la olvidada cultura de empresa y los máximos dirigentes empresariales saben que para triunfar deberán ser necesariamente humildes (el mejor antídoto contra la depresión), ejemplares y éticos; coherentes en su hacer/decir y cercanos con sus colaboradores. Convertir la incertidumbre en resultados, promover la innovación con y desde los clientes a los que se debe escuchar y atender singularmente; apostar por las nuevas tecnologías y adaptarse a sus cambios; confiar siempre en las personas integrando diferentes edades y perfiles, fomentar la diversidad, desarrollar procesos de aprendizaje colectivo, premiar el mérito y el talento y, finalmente, luchar sin descanso para que la desigualdad no se instale en el seno de la empresa. Y, como ha escrito Luis Alberto de Cuenca, así debe ser «mientras la despedida de este amor se prolongue por las calles del tiempo».

30 de junio de 2024

REPUTATIO, REPUTATIONIS

Decía Rousseau que esa opinión común sobre algo, a la que llamamos reputación, es para el hombre «como su sombra, que unas veces le sigue y otras le precede; unas veces parece más larga que él y otras más corta». La reputación es para el hombre, y también para las empresas e instituciones, para las asociaciones y para todo lo colectivo, una especie de lupa o espejo de aumento, y empieza siempre en nosotros mismos, porque el que desea que lo reconozcan es menester que sea el primero en estimarse. Tan frágil es, y ejemplos no faltan, que un solo acto puede derribar la reputación construida a lo largo de muchos años y, seguramente, muchos otros actos no pueden retenerla y devolverle su original aprecio. La reputación se construye siempre con enorme dificultad y se arruina muy fácilmente.

La imagen –la representación o apariencia que proyectamos de algo– es el complemento de la reputación. Una y otra son hoy objeto de culto, más desde la aparición invasiva de las redes sociales/fecales. Igual que se crean *influencers* (y se compran *followers*) se puede «fabricar» la reputación, como se puede construir una imagen dura, suave, con aristas, simpática, creíble o fuerte. En su libro *Non Olet*, el recordado Rafael Sánchez Ferlosio sostiene, a propósito del prestigio de las marcas (de su reputación), que se concentra «en una especie de carreras por superarse unas a otras en lo que suele llamarse calidad, aunque ya casi siempre medida, en mayor o menor grado, o incluso falseada, por la mejor o peor fortuna del respectivo acierto en el terreno de la publicidad: esta puede elevar, en ocasiones, a una marca a tal nivel de fama y difusión que resulté prácticamente inalcanzable en la palestra de la mera calidad».

Olvidamos los humanos que no podemos empeñarnos en construir castillos en el aire, edificando reputaciones sobre barro o basándonos en mentiras ilusorias fruto del dinero, de las ansias de poder, megalomanías y endiosamientos. La mitología nos enseña que el príncipe Belerofonte, que se creyó un dios porque con la ayuda de la diosa Atenea había dado muerte a la Quimera y montado a Pegaso, acabó su vida como lo que era, un simple mortal. Zeus, el padre de todos los dioses, le envió un tábano que, tras picar y encabritar al caballo alado, hizo caer a Belerofonte de su grupa cuando este «creyéndose dios» se dirigía al Olimpo. La caída le devolvió a su humana y, desde entonces, tullida realidad. Muchas veces, las personas (y las empresas) se afanan por conseguir lo imposible, y así nos va. Nos ciegan las imágenes y las apariencias, como nos enseñó Platón con su famoso mito de la caverna.

Cuento todo esto porque hace pocos días se ha presentado el informe anual *Approaching the Future 2024*, que analiza las tendencias en reputación y gestión de intangibles. Como siempre, un trabajo impecable de Corporate Excellence en colaboración con CANVAS, Global Alliance y Punto de Fuga que se consolida como una interesante herramienta estratégica para las organizaciones en el contexto actual, como dicen sus autores: «En este momento de cambios e incertidumbre constante, la reputación es más importante que nunca. La construcción de confianza es una tarea primordial para las organizaciones, algo completamente en sintonía con los desafíos que se planteaban a principios de año en Davos bajo el *leitmotiv* «Reconstruir la confianza». La reputación, insisten, no puede entenderse sin la comunicación como palanca motriz en la gestión empresarial.

En el mundo empresarial, lo hemos dicho repetidamente, comunicar debería ser el arte de involucrar a los grupos de interés en un proyecto y en unos objetivos comunes, a partir de principios y valores asumidos por todos. Y esta tarea debe tener un reflejo práctico en la imagen de la empresa y de sus directivos y empleados. Pero siempre he estado convencido de que, por encima de los mandamases, lo importante es la empresa, que es la que debe estar y aparecer, con alto perfil, en los medios, aunque en estos tiempos la identificación/fusión de personas y empresas (en muchos casos buscada por los interesados; en otros, facilitada por los medios de comunicación y las redes) perturba la realidad. Algunos siempre se creen lo que no son ni serán.

Y siempre, para ser leales, comprometidos y justos, habría que volver a los clásicos, que es una forma de renacer en nosotros mismos, como nos enseñó en el siglo XV la Escuela platónica de Florencia. Y aún mucho antes, el gran Sócrates nos dijo que sólo alcanzaremos buena reputación esforzándonos en ser lo que queremos parecer. No es mal consejo para meditar en verano.

5 de julio de 2024

PODER Y PRENSA: EL ROL DE LA UNIVERSIDAD

Aurora, a la que los griegos llamaron Eos, era la diosa del amanecer para los romanos. Cada mañana, Aurora se levantaba del mar y cabalgaba por el cielo delante del sol en un carro tirado por briosos caballos y portando una jarra desde la que esparcía el rocío sobre la tierra. Hija de titanes, era tan hermosa Aurora que el dios Marte se interesó por ella lo que enfureció a Venus que consiguió que Aurora casara con Titono, un bello mortal al que Zeus, padre de todos los dioses, convirtió en inmortal a ruego de Aurora…

Esa estúpida inmortalidad parecen perseguirla nuestros mandamases y, con tal de alcanzarla, se faltan y nos faltan al respeto diariamente y se han olvidado de practicar la honestidad intelectual y de aprender algunas máximas: que para progresar hay que ponerse en cuestión todos los días, como nos enseñó Ortega, o esforzarse por cumplir, según la fórmula de Kant, con los tres principios del progreso: cultivarse, civilizarse y moralizarse. Los sabios aseguran que solo existe una forma de virtud y muchas de vicio, y eso lo apreciamos cada día en cualesquier ámbito de nuestras vidas, pero lo hemos dicho muchas veces: el secreto y la solución a gran parte de nuestros males está en la sabiduría, el saber y el conocimiento, es decir, en la Educación, lo menos material que existe, pero lo que más debería importar a las personas y a la Sociedad, también a los que nos dirigen. La Educación es nuestra fuerza espiritual y «no podemos permitir que se convierta en un privilegio», como predicaba Ernesto Sábato.

La Educación constituye –lo escribió el llorado Nuccio Ordine– «el líquido amniótico ideal» en el que las ideas de democracia, libertad, justicia, igualdad, ciudadanía, derecho a la crítica, solidaridad, tolerancia y bien común (que no es público ni tampoco privado) pueden experimentar un vigoroso desarrollo. Ese bien común llamado Educación es una responsabilidad nuclear que importa a toda la tribu y, por tanto, deberíamos ser capaces de convertirlo en un objetivo estratégico prioritario (con una respuesta unívoca, global e inteligente) en este mundo digital: solo desde la cultura y el conocimiento nos hacemos más justos, más libres, más humanos, más sabios, más demócratas y, a la postre, también mejores profesionales. No estamos hablando de formación o instrucción sino de Educación, de auténticos valores humanos y de convivencia social y empresarial. Ese debería ser el horizonte y no la empecinada manía de que cada Gobierno apruebe una Ley de Educación solo con sus votos y los de sus adláteres, olvidando el necesario consenso para algo tan valioso como educar. Los políticos parecen olvidar que una ley, por si sola, no soluciona casi nunca nada; si acaso apunta la solución del problema y en eso, en la solución, deberíamos estar todos de acuerdo y empujando. Hay casi noventa universidades en España y es responsabilidad de sus claustros (además de actualizar su gobernanza, conseguir financiación y olvidarse de la endogamia) que esos centros del saber persigan la excelencia en sus cometidos genuinos: transferir conocimiento, enseñar e investigar, pero también que se afanen para ser conciencia ética, crítica y social de toda la ciudadanía. La Universidad tendría que inyectar principios en el ADN de sus estudiantes, ser ejemplar y contagiar valores; «la Universidad tiene que echarse a la calle para compenetrarse con el pueblo y vivir con él», como pedía Unamuno hace cien años, atisbando ese divorcio entre Universidad, Empresa y Sociedad del que cada día nos quejamos y nos arrepentimos con un engañoso propósito de enmienda.

Es absolutamente necesario, y en eso nos jugamos el futuro, que colegios, institutos, universidades y empresas se acerquen y sean capaces de desarrollar proyectos en común. Existe un ámbito clave en necesaria colaboración de la universidad con la empresa: la investigación, que va más allá de la formación y, a la larga, tiene un impacto mayor en la Sociedad. La investigación es el gran capítulo pendiente en la colaboración entre lo público y lo privado, tanto por culpa de las empresas como de la Administración. Pero la gran revolución tiene que hacerse en los colegios, en la enseñanza primaria y, sobre todo, en la secundaria. No sé si la solución pueden ser las «Comunidades de Aprendizaje», pero colegios, escuelas e institutos y centros de Formación Profesional tienen que ser las atarazanas donde eduquemos a las personas, hombres y mujeres, para hacer muchas cosas y ostentar autoridad al final de ese camino formador que nunca se agota: gobernar, liderar empresas e instituciones, administrar justicia, ser referentes de opinión, desarrollar la ciencia, escribir, abrazar las artes y, en definitiva, contribuir al progreso y construir un mundo mejor.

Afortunadamente, hoy muchos educadores apuestan –no sin esfuerzo y con escasos recursos– por formar personas con criterio, sensibilidad y convicciones. Es decir, con principios. Ese es el desafío: formar a los jóvenes para que sean capaces de traducir su saber –nos lo enseñó Montaigne– en un constante ejercicio crítico porque, como ha escrito el Profesor Ordine, «en el aula de un instituto o de un centro universitario, un estudiante todavía puede aprender que con el dinero se compra todo (incluyendo prensa, parlamentarios y juicios, poder y éxito) pero no el conocimiento: porque el saber es el fruto de una fatigosa conquista y de un esfuerzo individual que nadie puede realizar en nuestro lugar». Los valores, sobre todo, se contagian, como el ejemplo, que tiene un enorme valor pedagógico. No deberíamos olvidar que la buena escuela no la hacen las *tablets* sino los buenos profesores, y en ellos (y en su formación) debemos ser muy generosos porque los países ricos lo son gracias a que supieron invertir en Educación; otras naciones, con dirigentes más miopes y torpes, esperamos equivocadamente a ser ricos para destinar recursos a la Educación...

Cuento esto porque la Universidad es sabedora y consciente de que quien daña la palabra destruye el mundo. Y la Comunicación, la palabra, el lenguaje, como explicó Heidegger, tiene dos funciones muy distintas: una función o valor instrumental -como medio para comunicarnos o informarnos- y otra función o valor ontológico mucho más radical: expresar nuestro ser profundo y nuestro estar en el mundo, con todas sus dudas, inquietudes y oscuridades. Y esta función es absolutamente indispensable y es la que explora el pensamiento. Esta última y profunda función está siendo arrinconada, olvidada y dañada por la superficialidad y, en ocasiones, por la falsedad de la avalancha de comunicaciones instrumentales (redes fecales y *fake news* mediante) a la que, entre todos, habremos de poner remedio.

Cinco siglos después de la Reforma y del auge del Renacimiento estamos viviendo una nueva crisis de la Razón, un peligroso renacimiento de mitos e irracionalismos en una suerte de repetición parcial de lo que se inició al final de la primera Gran Guerra y que continuó en el período de entreguerras. Nos enfrentamos hoy a Populismos de distintos colores, a las irracionalidades del cercano *Brexit*, a los mitos y misticismos nacionalistas, a los profetismos del «*America First*» y del señor Trump y compañeros mártires. Pocos años antes de esa Gran Guerra, hace más de un siglo, Max Weber escribió un famosísimo artículo titulado «La Ciencia como profesión», donde nos advirtió sobre los costes –intelectuales y políticos– de la «des-mitificación» y «de-sacralización» causadas por el racionalismo moderno. Melchor Cano y, cuatro siglos después, Max Weber advirtieron y lucharon, uno con más escepticismo que el otro, contra un mal y un peligro permanente: la desintegración del argumento y del debate racional.

Uno de esos costes es –sin duda, e insisto– lo que hoy se llama Posverdad, que no sólo consiste en negar la verdad sino en «falsearla», incluso en negar su prevalencia sobre la mentira. Es cierto que, como señaló el historiador de la ciencia *Koyré*, así es la condición humana: el hombre «se ha engañado a sí mismo y a los otros. Ha mentido por placer, por el placer de ejercer la sorprendente facultad de decir lo que no es y crear, gracias a sus palabras, un mundo del que es su único responsable y autor». Pero ahora ocurre algo más grave: se niega la autoridad de la Razón, y se niega sobre todo la autoridad de los hechos, dejando que imaginaciones o deseos prevalezcan sobre lo fáctico. Son las *Fake News*, de las que tanto habla el expresidente Trump y que tanto aplica como usuario compulsivo de las redes, donde se afirma como cierto lo que es falso. Posverdad que se ha convertido en deporte de moda: engañan los periódicos, los partidos políticos, engañan muchos dirigentes ante Parlamentos o jueces; engañan organismos internacionales que debieran velar por la pureza de la información; se miente a los accionistas de las empresas que quiebran y a los depositantes de bancos que se hunden cuando el día anterior se había afirmado que eran solventes. Se desprecia e ignora la autoridad de las pruebas, empíricas o históricas, un método que ha proporcionado a Occidente los mayores progresos de la historia y ha servido para crear sociedades mucho más justas. Se están creando «realidades» inexistentes (aquello que Platón plasmó en el mito de la caverna) y «realidades» artificiales y artificiosas. Antonio Machado, con ironía e inteligencia, lo advirtió: «se miente más de la cuenta por falta de fantasía: también la verdad se inventa».

Los medios de comunicación serios e independientes se agotan (y desaparecen) y lo que ahora llamamos información ha dejado de ser un bien escaso para convertirse, con el apoyo de Internet y las diferentes redes sociales, en la materia prima del siglo XXI. Sin duda, está cambiando nuestra forma de pensar, de vivir y de hacer, hasta el punto de que las organizaciones son cada vez menos su propia marca y cada vez más sus relaciones, y eso las transforma en organizaciones sociables más que en organizaciones sociales. Definitivamente, en pleno siglo XXI, los humanos, más que aprender a relacionarnos, a conocernos y a informarnos, nos conectamos e insultamos...

La comunicación, gracias a su importancia social, se ha convertido en un instrumento indispensable en la gestión diaria de las organizaciones y en el cotidiano desarrollo de las relaciones interpersonales. Además de transparente, comprometida y veraz, debería reflejar siempre el comportamiento de quien la transmite, y a eso se le llama coherencia («Di lo que debes y haz siempre lo que dices» nos enseñó Séneca). Comunicar, y comunicar bien, supone construir relaciones de confianza y, sobre todo, mantenerlas. Comunicar, y esa es la principal responsabilidad del dirigente/líder, es conseguir que todos se involucren y participen en el proyecto común. Mucho más cuando hemos entrado –en feliz definición de Antonio Muñoz Molina– en la era de la vileza: «aquella en la que habrán desaparecido todos los límites a la manipulación y a la mentira, y en los que la calumnia se difundirá con la desenvoltura de una sonrisa publicitaria y con la eficiencia multiplicadora del estercolero inmundo de la prensa sin escrúpulos y de las redes sociales».

A mí se me ponen los pelos de punta con las mentiras que soportamos/tragamos los sufridos ciudadanos que casi siempre estamos a la intemperie y en época electoral perenne. Recordando la novela *1984* de Orwell, revivo las tribulaciones y angustias de Winston, el protagonista, con la tarea a la que se enfrentaba cada día: reescribir y adaptar la historia a un nuevo relato, a una versión «oficial» de los hechos; y reflexiono y me pregunto angustiado si no estamos en los prolegómenos de una Sociedad que podría ser parecida a la que Orwell describió, con energía visionaria, en su novela. Tengo dudas sobre si la nueva realidad que nos quieren vender (los políticos y mandamases, y algunos medios, claro) encierra una gran renuncia: desprendernos del pasado con todas sus consecuencias y reescribir el presente según las conveniencias de cada quién. No sé qué pasará. La limitación racional del poder y de las ambiciones es siempre una cuestión clave. Es el famoso equilibrio de poderes de la democracia, y los ciudadanos deberíamos ser el fiel de la balanza si no queremos vernos arrastrados al abismo como nos avanzó el filósofo neoyorquino Richard Rorty en 1999: «tenemos ahora una clase superior global que toma todas las grandes decisiones económicas y lo hace con total independencia de los parlamentos y, con mayor motivo, de la voluntad de los votantes de cualquier país».

El fácil acceso a las redes «fecales» hace creer a los ciudadanos que están bien informados, despreciando y relegando los canales de comunicación tradicionales. La inmediatez que permiten las redes transmite información sin contrastar, sin elaborar y sin asumir responsabilidad alguna. Las redes sociales no son periodismo, y hay que denunciarlo alto y claro, aunque los medios las utilicen para difundir noticias exclusivas o urgentes, pero casi siempre verificadas. Lo que debemos rechazar siempre es el mal uso de las redes, que se utilicen para difundir bulos, informaciones falsas o tergiversadas que, en general, responden a intereses espurios o al simple jugueteo que permite a millones de usuarios sentirse informadores o, sin más, insultar.

Frente a las presiones de los poderes fácticos y de los políticos sin escrúpulos , frente a los intentos de frenar investigaciones periodísticas o de las campañas orquestadas a través de las redes sociales buscando el desprestigio, se impone el periodismo con mayúsculas, la información veraz, comprendida, contrastada y, en estos tiempos, contextualizada; rigurosa y ajustada a los códigos deontológicos, refractaria a los bulos y a la posverdad que circulan por las redes sociales y que, está claro, en su mayor parte responden a estrategias premeditadas. La desinformación se ha convertido en uno de los males con los que se enfrenta el periodismo en estos tiempos de convulsión política en los que la polarización amenaza con desestabilizar las instituciones y socavar la democracia.

Los medios deben tener una mirada crítica –como nos enseñó Montaigne– con lo que está pasando a su alrededor, ser incisivos con los gobernantes y disciplinados con la información que se ofrece. Es decir, conocida la información, comprender lo que pasa y por qué pasa, verificarla y saber contarlo. Los medios, el cuarto poder, son los intermediarios entre los hechos y el ciudadano, y deben buscar su complicidad. Solo fortaleciendo la independencia y el control crítico de los poderes con una información veraz y fiable que permita forjar la opinión de los ciudadanos se recuperará la confianza.

Acerca del poder, Plutarco aconsejaba que el gobernante debe conseguir primero el dominio sobre sí mismo, dirigir rectamente su alma y conformar su carácter porque… «uno que está caído no puede enderezar a otros ni, si es ignorante, enseñar ni, si es desordenado, ordenar, o, si es indisciplinado, imponer disciplina, o gobernar, si no está bajo ninguna norma. Pero la mayoría cree neciamente que la primera ventaja de gobernar es el no ser gobernado». Ni, claro está, tampoco criticado, y menos por los medios de comunicación o por sus súbditos.

Nos debemos respeto a nosotros mismos y, todos, especialmente los dirigentes, a la Dignidad, a la Razón y a la Verdad, porque ninguna de ellas son ideologías sino condiciones necesarias de una Sociedad que quiere ser decente sin mentir y sin manipular. Y, ahora, cuando nos dicen que la tecnología y la Inteligencia Artificial, racional o irracional, están en trance de arruinarnos y asfixiar nuestra libertad personal y nuestros derechos, conviene recordar la *common decency*, aquel concepto que nos regaló Orwell: la decencia común, la infraestructura moral básica que necesita cualquier sociedad que quiera ser organizada, justa y equitativa, y proclame el derecho y la necesidad de ser responsables si queremos permanecer libres. Y eso es ser también éticos.

Titono, esposo de Aurora, consiguió la inmortalidad por concesión de Zeus, pero por olvido no obtuvo la juventud eterna. Y, así (como puede ocurrirle a la Universidad), se fue agostando, haciéndose cada vez más viejo, arrugado y encogido, hasta que se convirtió en un grillo, un destino que amenaza a la Educación y a la Universidad y contra el que hay que luchar sin resignarse, la única forma que existe de contribuir al necesario cambio: en 2023 aún estamos a tiempo porque «hoy es siempre todavía», como escribió Antonio Machado.

Verano de 2023

ADENDA

DOCTORADO *HONORIS CAUSA*

UPSA

Salamanca, 27 de abril de 2018

Dr. Juan José Almagro

«LIDERAR ES EDUCAR»

Recibo con inmensa gratitud y gozo compartido este honor que hoy se me dispensa. Lo recibo además con profunda humildad porque sería una gran necedad no sentirlo así: estamos en Salamanca, en esta hermosísima Ciudad en la que han enseñado mentes extraordinarias que, en distintos siglos, han iluminado el mundo con sus ideas. Mis escasos méritos se diluyen y desaparecen cuando recuerdo a don Miguel de Unamuno, al maestro Francisco de Vitoria, a su discípulo, Melchor Cano, a Domingo de Soto y a toda la Escuela de Salamanca que, además de influyente, fue tan determinante en la historia de España y de Europa.

Hoy –lo sabemos todos– estamos viviendo uno de los cambios más grandes de la historia humana: la globalización en un mundo digital. Un cambio de época y un proceso repleto de interrogantes e incertidumbres. El futuro de los seres humanos está siempre lleno de dudas y, por eso, también de miedos. Por nuestra propia naturaleza, y porque nos enfrentamos a los azarosos movimientos de la historia, frente a la que casi siempre nos encontramos desprotegidos y a la intemperie. Conocemos, seguramente, los problemas, pero no sabemos cómo resolverlos; hemos optado por convivir con ellos y eso nos está llevando a una peligrosa y creciente desconfianza en las instituciones, los gobiernos, las empresas y los medios de comunicación, y seguimos viviendo cada día, no sin esfuerzo, en un mundo donde la única certeza que atesoramos los humanos es la propia certeza de la incertidumbre.

«*Nihil novum sub sole*», nada nuevo bajo el sol, dice una famosa frase del Eclesiastés. Acaban de cumplirse cinco siglos de una de las convulsiones más grandes de la historia: la rotura de la Cristiandad producida por las noventa y cinco tesis de Lutero, y todo lo que ellas desencadenaron. Fue la primera gran revolución moderna, mucho antes de la norteamericana o la francesa. Fue, además, la primera gran explosión de la voluntad en la historia moderna. Seguirían luego otras. Y conviene recordar que aquella crisis fue, primero, una crisis moral –por el estado de relajación, de vicios y corrupciones de la Iglesia de entonces– y, después, fue una crisis intelectual y política con repercusiones que llegan hasta hoy.

Se suelen oponer Reforma y Renacimiento. En realidad, quieren decir lo mismo: deseo de un nuevo nacimiento, necesidad de una renovación profunda. También esto se ha repetido muchas veces, aunque en pocas ocasiones beneficiosamente. En aquellos momentos tan convulsos la entonces Universidad de Salamanca jugó un destacadísimo papel. De esa necesidad de transformación intelectual nació una de las obras más grandes de aquellos tiempos y de muchos otros: el *De locis theologicis* o *Sobre los lugares teológicos* de Melchor Cano, una joya incomparable del castellano y de la profundidad intelectual. El impulso central de esa obra es revitalizar la Razón teológica frente a la explosión de todo tipo de misticismos, entre ellos el de los «alumbrados», lucha en la que a veces pagaron justos por pecadores. El gran Melchor Cano, representante genuino del humanismo renacentista, intenta fijar las «nuevas» autoridades en el razonamiento teológico: la autoridad de la Sagrada Escritura, la autoridad de la tradición, la autoridad de los santos o de los concilios, la autoridad de la razón natural, la autoridad de los filósofos, la autoridad de la historia humana, por citar solo algunas. Hoy diríamos, resumidamente, la autoridad de la Razón.

Cinco siglos después estamos viviendo una nueva crisis de la Razón, un peligroso renacimiento de mitos e irracionalismos en una suerte de repetición parcial de lo que se inició al final de la primera Gran Guerra y que continuó en el período de entreguerras. Nos enfrentamos hoy a Populismos de distintos colores, a las irracionalidades del «*Brexit*», a los mitos y misticismos nacionalistas, a los profetismos del «*America First*». Pocos años antes de esa Gran Guerra, hace más de un siglo, Max Weber escribió un famosísimo artículo titulado «La Ciencia como profesión», donde nos advirtió sobre los costes –intelectuales y políticos– de la «des-mitificación» y «de-sacralización» causadas por el racionalismo moderno. Melchor Cano y, cuatro siglos después, Max Weber advirtieron y lucharon, uno con más escepticismo que el otro, contra un mal y un peligro permanente: la desintegración del argumento y del debate racional.

Uno de esos costes es, sin duda, lo que hoy se llama Posverdad, que no sólo consiste en negar la verdad sino en «falsearla», incluso en negar su prevalencia sobre la mentira. Es cierto que, como señaló el historiador de la ciencia Koyré, así es la condición humana: el hombre «se ha engañado a sí mismo y a los otros. Ha mentido por placer, por el placer de ejercer la sorprendente facultad de decir lo que no es y crear, gracias a sus palabras, un mundo del que es su único responsable y autor». Pero ahora ocurre algo más grave: se niega la autoridad de la Razón, y se niega sobre todo la autoridad de los hechos, dejando que imaginaciones o deseos prevalezcan sobre lo factico. Son las *Fake News*, de las que tanto habla el todavía presidente Trump y que tanto aplica como usuario compulsivo de las redes, donde se afirma como cierto lo que es falso. Posverdad que se ha convertido en deporte de moda: engañan los periódicos, los partidos políticos, engañan muchos dirigentes ante Parlamentos o jueces; engañan organismos internacionales que debieran velar por la pureza de la información; se miente a los accionistas de las empresas que quiebran y a los depositantes de bancos que se hunden cuando el día anterior se había afirmado que eran solventes. Se desprecia e ignora la autoridad de las pruebas, empíricas o históricas, un método que ha proporcionado a Occidente los mayores progresos de la historia y ha servido para crear sociedades mucho más justas. Se están creando «realidades» inexistentes (aquello que Platón plasmó en el mito de la caverna) y «realidades» artificiales y artificiosas. Antonio Machado, con ironía e inteligencia, lo advirtió: «se miente más de la cuenta por falta de fantasía: también la verdad se inventa».

Los medios de comunicación serios e independientes se agotan (y desaparecen) y lo que ahora llamamos información ha dejado de ser un bien escaso para convertirse, con el apoyo de Internet y las diferentes redes sociales, en la materia prima del siglo XXI. Sin duda, está cambiando nuestra forma de pensar, de vivir y de hacer, hasta el punto de que las organizaciones son cada vez menos su propia marca y cada vez más sus relaciones, y eso las transforma en organizaciones sociables más que en organizaciones sociales. Definitivamente, en pleno siglo XXI, los humanos, más que aprender a relacionarnos, a conocernos y a informarnos, nos conectamos...

La comunicación, gracias a su importancia social, se ha convertido en un instrumento indispensable en la gestión diaria de las organizaciones y en el cotidiano desarrollo de las relaciones interpersonales. Además de transparente, comprometida y veraz, debería reflejar siempre el comportamiento de quien la transmite, y a eso se le llama coherencia («Di lo que debes y haz siempre lo que dices» nos enseñó Séneca). Comunicar, y comunicar bien, supone construir relaciones de confianza y, sobre todo, mantenerlas. Comunicar, y esa es la principal responsabilidad del dirigente/líder, es conseguir que todos se involucren y participen en el proyecto común.

En esta Nueva Época tan llena de incertidumbres y peligros nos desprendemos de todo lo «duro» y de todo lo «sólido» como, con especial lucidez, nos descubrió Bauman con su idea de la «sociedad líquida». Quizá por eso, atacados por el «síndrome de la impaciencia», confundimos progreso con aceleración, buscamos atajos y, en consecuencia, nos hemos acostumbrado a deformar la realidad para adaptarla –como la cama de Procusto– a «dogmas» previos, equivocados y perversos, como aquellos de los que parten el propio funcionamiento político y muchas organizaciones y empresas, que transubstancian mal y transforman el bien común en ambiciones personales, la fuerza en desánimo, el conocimiento en soberbia, las palabras en nada. Se olvidan de que son las instituciones las que deben adaptarse a la realidad y a los ciudadanos, y no al revés: sin hombres y mujeres no hay instituciones.

Volvamos un momento de nuevo a Weber, a uno de sus libros más grandiosos: *La ética protestante y el espíritu del capitalismo*. En ese libro lleno de ideas deslumbrantes hay una tesis muy novedosa: el capitalismo occidental es una revolución moderna que transformó el capitalismo ancestral. Por decirlo con el lenguaje de Weber, hay capitalismo occidental porque las sectas protestantes tenían ya una ética absolutamente consolidada cuando se pusieron, en virtud de su ambición y de sus capacidades profesionales, a recoger el fruto de sus talentos: la ganancia. Es decir, que primero fue la ética y después el espíritu de ganancia, que hubo de encuadrarse y de enmarcarse en ella. Esa autolimitación y control ético/racional ejercido sobre la «codicia» natural y el ansía de ganancias fue la gran «revolución» y, según Weber, la razón por la que el capitalismo occidental supero a todos los anteriores y logro una supervivencia de siglos.

Esa limitación racional y moral del poder y de las ambiciones es siempre una cuestión clave. Es el famoso equilibrio de poderes de la democracia, especialmente de la norteamericana. Escribió el filósofo neoyorquino Richard Rorty en 1999, «tenemos ahora una clase superior global que toma todas las grandes decisiones económicas y lo hace con total independencia de los Parlamentos y, con mayor motivo, de la voluntad de los votantes de cualquier país dado». Una afirmación que, años más tarde, hizo suya también Bauman con escepticismo y desesperanza cuando dejó escrito que el poder no lo controlan los políticos y que la política carece de poder para cambiar nada.

Un dirigente, un líder que quiera serlo realmente, tiene que convertirse en autoridad, es decir en hombre o mujer con valores, ambiciones autolimitadas y respeto a la Razón y a la Verdad. Y, en este punto, conviene recordar también a Erasmo, quien en su *De la educación del Príncipe cristiano*, hizo una analogía especialmente hermosa y certera: que el preceptor o asesor que envenena con malas ideas o malos consejos el corazón de un Príncipe es tan criminal como el canalla que envenena un pozo de agua del que bebe una población entera y con eso envenena a todo el mundo. Eso es lo que hacen los malos gobernantes, envenenar el pozo del que bebemos todos, personas e instituciones. Esta crisis en la que está Europa y Occidente, y que arrastramos ya desde hace algunos años, ha sido, como en el caso de la Reforma, primero una crisis Moral, que nos trajo el descrédito de los dirigentes y la desafección en las instituciones, y a partir de ahí se convirtió en una crisis económica, política, financiera o como queramos adjetivarla.

Vivimos ya en la nueva Era de la Responsabilidad Social y los ODS son nuestro inexcusable horizonte común. Necesitamos líderes que vayan más allá de las jerarquías: que estén comprometidos, que sean fiables, creíbles y motivadores, cómplices y orientados hacia los demás; que escuchen y dialoguen y no busquen siempre culpables, sino que en plena Era Digital sean capaces de armonizar talento y tecnología y gestionar equipos de personas de distintas generaciones y con diferentes habilidades. Que sepan garantizar la igualdad de oportunidades y la diversidad, y consagren el necesario equilibrio de vida personal vs. vida profesional. La excelencia empresarial será una quimera, un imposible, si no luchamos decididamente contra el subempleo y el trabajo indigno, porque la primera obligación del empresario, además de dar resultados, crear empleo, ser innovador y competitivo, es ser integro y decente.

Muchos dirigentes, políticos o empresariales, se han dejado atrapar por las vanidades del puesto o del poder. Y han malgastado su autoridad y la función de perfeccionamiento que deben tener. Mucha gente, la sagrada Opinión Publica, está harta de esas imposturas y quiere empresas e instituciones que cumplan la función social y racional para la que fueron creadas, y que no se conviertan sólo en fuentes de enriquecimiento de dirigentes con pocos escrúpulos y ambición no medida. La democracia exige dirigentes, gobiernos, empresarios e instituciones que sean transparentes y acepten rendir cuentas como una obligación y nunca como una humillación; que procuren la solución de los problemas que preocupan a los ciudadanos y cuiden los bienes que son de todos, aunque el cuidado y la gestión estén solo en sus manos. Autoridad significa, en muchos aspectos, austeridad en las pulsiones: las viejas virtudes de la sobriedad, solidez, sencillez, ausencia de adornos y trabajo sin alardes, «estilo olivar» (dando frutos sin hacer ostentación de flores), huyendo de falsas promesas y mentiras, y liquidando estructuras y organismos innecesarios e inoperantes.

No ha sido así, y no está siendo así. Quizá por aquello de Nietzsche de la «voluntad de poder», o quizá por otra voluntad que también él formuló: la «voluntad de apariencia». La imagen o el adorno está desplazando al argumento y la Apariencia a la Verdad, como ya pasó con los sofistas en Grecia. Los «sofistas» modernos, mucho más descarados y menos cultos que los antiguos, luchan por ser los primeros, los más listos y aparecer en los papeles como protagonistas indiscutibles. Pero un líder, un dirigente o una autoridad debe esforzarse por cumplir la fórmula de Kant, los tres principios del progreso: cultivarse, civilizarse y moralizarse. Eso es la crítica de Kant subrayada por Ortega: «hay que ponerse en cuestión todos los días», es decir, hay que poner en cuestión todas las cosas ante el máximo tribunal inventado por los hombres: el Tribunal de la Razón, la mayor revolución moderna. Cuando hace casi ochenta años Orwell escribía que «decir la verdad es un acto revolucionario», probablemente estaba pensando –visionariamente– en lo que nos está pasando, que la propaganda se está apoderando gravemente de la realidad y de la verdad. Hemos construido una sociedad rabiosamente narcisista en la que, olvidando valores como esfuerzo, trabajo y decencia, los protagonistas son la fama efímera y superficial y la tolerada irreverencia, o un culto al dinero a veces visiblemente obsceno para la inmensa mayoría. Hemos dejado en el camino lo que Orwell llamó *common decency*», la decencia común, la infraestructura moral básica que nos hace personas de excelencia.

La solución a muchos de estos males está donde siempre ha estado: en la sabiduría y en las Universidades, en el saber y en el conocimiento. Es decir, en la Educación, que constituye, como afirma Nuccio Ordine, «el líquido amniótico ideal» en el que las ideas de democracia, libertad, justicia, igualdad, ciudadanía, derecho a la crítica, solidaridad, tolerancia y bien común –que no es público ni tampoco privado– pueden experimentar un vigoroso desarrollo. «O la Historia está escrita, o la escribimos entre todos», refiere Antonio Gala, y ese bien común llamado Educación es un asunto que importa a toda la «tribu» y, por tanto, deberíamos ser capaces de convertirla en un objetivo estratégico en un mundo digital: solo desde la cultura y el conocimiento nos hacemos más sabios, más libres, más justos y más ciudadanos. Las empresas –sobre todo las empresas líderes– tienen que ser capaces (por convicción y como garantía de supervivencia) de institucionalizar procesos de aprendizaje para conseguir que el talento no quede ahogado por las burocracias. Es absolutamente necesario, y en eso nos jugamos el futuro, que colegios, institutos, universidades y empresas se acerquen y sean capaces de desarrollar proyectos en común. Existe un ámbito clave en la necesaria colaboración de la universidad con la empresa: la investigación, que va más allá de la formación y, a la larga, tiene un impacto mayor en la Sociedad. La investigación es el gran capítulo pendiente en la colaboración entre lo público y lo privado, tanto por culpa de las empresas como de la Administración. Pero la gran revolución tiene que hacerse en los colegios, en la enseñanza primaria y, sobre todo, en la secundaria. Colegios, escuelas e institutos y centros de FP tienen que ser las atarazanas donde eduquemos a las personas, hombres y mujeres, para hacer muchas cosas y ostentar autoridad al final de ese camino formador que nunca se agota: liderar empresas e instituciones, administrar justicia, ser referentes de opinión, escribir, abrazar las artes y, en definitiva, contribuir al progreso y a construir un mundo mejor.

Afortunadamente, hoy muchos educadores apuestan –no sin esfuerzo– por formar personas con criterio, sensibilidad y convicciones. Es decir, con valores. Ese es un desafío: formar a los jóvenes para que sean capaces de traducir su saber en un constante ejercicio crítico porque, como ha escrito el Profesor Ordine, «en el aula de un instituto o de un centro universitario, un estudiante todavía puede aprender que con el dinero se compra todo (incluyendo parlamentarios y juicios, poder y éxito) pero no el conocimiento: porque el saber es el fruto de una fatigosa conquista y de un esfuerzo individual que nadie puede realizar en nuestro lugar». Los valores, sobre todo, se contagian, como el ejemplo, que tiene un enorme valor pedagógico. No deberíamos olvidar que la buena escuela no la hacen las *tablets* sino los buenos profesores, y en ellos (y en su formación) debemos invertir generosamente. Los países ricos lo son porque supieron invertir en educación; otras naciones, con dirigentes más torpes, esperamos equivocadamente a ser ricos para destinar recursos a la Educación...

He creído siempre en el poder transformador de la Educación y, singularmente, de la Universidad. Pero «la universidad tiene que echarse a la calle para compenetrarse con el pueblo y vivir con él», como pedía, hace casi un siglo, quien fuera Rector de la Universidad de Salamanca, Miguel de Unamuno, atisbando ese divorcio entre Universidad, Empresa y Sociedad del que cada día nos quejamos y nos arrepentimos con un engañoso e inoperante propósito de enmienda.

La educación –conocimiento más reflexión– es el mejor bálsamo contra casi todos los males. Y, como pidiera Borges en *Los Conjurados*, «acentuar las afinidades» es el antídoto idóneo contra la creciente falta de dialogo porque, si no lo remediamos, creer que se posee la única verdad significa sentirse con el deber de imponerla, incluso por la fuerza. Los fanáticos pueden acabar siendo, en última instancia, asesinos y, como paso previo, defensores fervientes de los dogmas. A lo largo de la historia, el dogmatismo siempre ha producido intolerancia en la vida diaria, en las relaciones humanas y en cualesquiera de los campos del saber: en la política, en la gobernanza de las empresas, en la religión, en los pueblos y muchas veces en la Sociedad. En pleno siglo XXI ya no sirve cruzarse de brazos: ni debemos, ni podemos, ni queremos. Solo desde la educación, la cultura y el conocimiento los hombres y las mujeres nos hacemos más sabios, más libres y más democráticos y, por ende, más justos y mejores profesionales.

Ya no hay «paraíso del tonto solemne», como escribiera Nicanor Parra. Ha llegado la hora del cambio: además de capacitar, de educar y de fomentar el estudio y la investigación, la Universidad debe ser, tiene que ser, desde la independencia, la conciencia cívica, ética y social de los ciudadanos. Vivimos en la sociedad de la información, pero no sé si en la sociedad del conocimiento. El conocimiento siempre fue el bien central de las Universidades, la tarea heroica y hercúlea que describió Weber en *La ciencia como profesión*. Siempre ha sido y siempre va a seguir siendo difícil. Pero no queda otro camino porque, no lo olvidemos, liderar es también educar. La Universidad líder debe ser capaz de vivir de la Verdad y para la

Verdad, y ayudar a los seres humanos a reforzar los fundamentos morales y éticos de una sociedad que se ha hecho frágil y temerosa. Todos nos debemos a la búsqueda de la Verdad y de la moralidad que va unida a la Verdad, los grandes fundamentos, junto a la crítica, del progreso de Occidente. Y sin libertad de pensamiento, como nos advierte Emilio LLedó, la libertad de expresión se degrada porque solo sirve para decir tonterías.

Nadie duda de que hay una profunda crisis del sistema capitalista. Pero el capitalismo parece un sistema que, como el conocimiento, está en crisis permanente, quizá por eso es tan capaz de sobrevivir; pero hay también –como decía Sábato– una crisis de concepción del mundo y de la vida basada en la deificación o idolatrización de la técnica y de ciertas explotaciones inhumanas. Hay que volver a la recuperación de los valores, de la ética limitadora de los descontroles, a la mejor Educación, la fuerza espiritual que hace grandes a personas y pueblos, y que debe liderar el cambio huyendo de privilegios, luchando contra la corrupción y ofreciendo verdadera igualdad de oportunidades. «Porque a fin de cuentas / lo que hay es ignorancia de la ignorancia / y manos ocupadas en lavarse las manos», como escribió la Nobel Wistawa Szymborska en su hermoso poemario *Hasta aquí*.

El núcleo de la vida social es –debería ser– la relación leal entre personas unidas en torno a un proyecto compartido y común. También en las empresas. Una lucha por implantar el talento, el conocimiento, la verdadera profesionalidad en las organizaciones y una «revolución» pendiente: la recuperación de la Ética como una responsabilidad común. «De eso hablo, de la responsabilidad. No solo el derecho sino el deber del hombre de ser responsable, la necesidad del hombre de ser responsable si desea permanecer libre; no solo responsable ante otro hombre y de otro hombre sino ante sí mismo; el deber de un hombre, el individuo, cada individuo, todos los individuos, de ser responsables de las consecuencias de sus actos, pagar sus propias cuentas, no deberle nada a otro hombre...». Son palabras del premio Nobel de Literatura William Faulkner, pronunciadas el 15 de mayo de 1952 en el Delta Council, Cleveland.

Aristóteles nos enseñó que el mejor tratado de moral es siempre un tratado de razón práctica. Difícilmente pueden dirigirse personas sin comportamientos éticos basados en relaciones de confianza y respeto profesional. Y no habrá porvenir para nadie sin una conducta empresarial, personal e institucional capaz de cumplir sus compromisos y de dar cuenta cabal de sí misma.

Dos reflexiones finales. Primera, no podemos olvidar que la palabra es el mayor bien que posee el hombre. La palabra, el concepto, es todo. La palabra –sólida, veraz, reflexiva y profunda– es el pilar que sostiene el mundo y hace posible todo lo que hacemos. Todo. Quien daña la palabra, destruye el mundo. Y la palabra, el lenguaje, como explicó genialmente Heidegger, tiene dos funciones muy distintas: una función o valor instrumental –como medio para comunicarnos cosas– y otra función o valor ontológico mucho más radical: expresar nuestro ser profundo y nuestro estar en el mundo, con todas sus dudas, inquietudes y oscuridades. Y esta función es absolutamente imprescindible y es la que explora el pensamiento. Esta última función profunda está siendo arrinconada, olvidada y dañada por la superficialidad y falsedad de la avalancha de comunicaciones instrumentales que actualmente padecemos y a la que habremos de poner remedio.

Y, después, una reflexión para «Príncipes», es decir, para aquellas personas que desempeñan la dificilísima función de dirigir y decidir. Conviene trasladar al lenguaje de hoy aquellas recomendaciones que hace Erasmo en su retrato del buen gobernante/líder en su famosa obra *Institutio Principis Christiani*: si actúas personal, política y profesionalmente desde la honradez intelectual y la integridad; si eres independiente, leal y comprometido; si buscas la verdad y das ejemplo, si has sido líder queriéndolo o sin quererlo, tendrás la satisfacción de cumplir con el deber, de cumplir con la Razón, de cumplir con la virtud de la excelencia y de la Ética. Es decir, habrás finalizado tu tarea y contribuido a que triunfe la «revolución» más difícil, la transformación moral de las sociedades y de los pueblos.

Es lo que hizo Cincinato, aquel caudillo romano que, hace dos mil quinientos años, tras derrotar a los ecuos y liberar a Minucio

—es decir, cumplido su deber y el encargo del Senado de Roma—, huyendo de tentaciones y de las voces que le pedían continuar en el cargo, abandonó la magistratura a los dieciséis días y volvió a su casa y a sus labores agrícolas con las manos limpias y vacías, llenas de valor...

El galardón de las buenas obras, escribió Séneca, es haberlas hecho. No hay, fuera de ellas, otro premio digno.
Muchas gracias.

Salamanca, 27 de abril de 2018

"Y aquí termino
sin hacer sombra a nadie
ni descuidarme"

Mario Benedetti